できる**リーダー**だけが知っている

すぐやる部下が育つ
「面談」の技術

小林芳子 著

同友館

推薦の言葉　―「まえがき」に代えて―

山本　信夫

現場の管理職は今、〝面談〟で悩んでいる！

今、あなたのマネジメント上の最大の悩みは、ズバリ！〝面談〟ではありませんか？

私は約30年、組織・人事のコンサルタントとして、３００社を超える企業の実践指導や１０００回以上の研修・セミナーを通じて、３０００名以上の経営者・役員・管理職の方々と個別に面談をしてきました。

その中でここ数年、私に訴えてこられる最も切実な悩みとは、〝部下との面談〟についてなのです。

●部下に高い目標をどうやって納得させたらよいのか
●モチベーションの落ちている部下にどう接したらよいのか
●自主性のない、若い部下とどう面談したらよいのか
●元上司だった部下に、どう評価の面談をしたらよいのか
●悪い評価をつけた部下に、どう評価を納得させたらよいのか

など、面談について悩んでいない管理者はいないのではないかと感じるほどです。中には、こんな辛い面談をやらなければならないなら、管理職を外してほしいという方も少なくないのが実態です。

日本で〝面談〟が管理職の大事な仕事（義務）になってきたのは、実はバブル崩壊後ぐらいからで、元々日本人は部下と「1対1」で面談をするという文化がなかったのです。〝面談〟というものに慣れていないのです。部下と飲みに行って、〝飲みニケーション〟は得意だったとしても、部下に厳しい目標を納得させ、モチベーションを上げ、評価の面談をし、〝君の悪いところは○○だ！〟などと面と向かって伝え、納得させていくのは大変難しいことで、現場の管理職が悩むのも当然です。

そういう〝面談〟に悩み抜いておられる方々が、本を読んで勉強しようと思って書店に行っても、残念ながら〝面談〟について、キッチリ、現場目線で書いてある本もほとんどなかったのです。

本書はそういう現場の切実なニーズ（声）に応えるべく、遂に出版された待望の一冊です。著者の小林芳子さんは、実は私のビジネスのコーチでもあります。10年以上前に、私があるコーチングのセミナーを受講した時に出会い、小林さんに即、私のコーチングを依頼しました。丁度、コーチングが広まり始め、コーチングというものを一度体感してみたかった時でした。それが、ちょうど私が独立した時期でもあり、小林さんから3年間コーチングを受けました。

コーチングを受け続けていた3年間で、私は様々なテーマを目標（事業運営や500ページ以上の専門書の執筆、ダイエットなど）にし、その目標をすべてクリアできたという驚くべき成果も実感できましたが、その時に私が感じたことは、

コーチングは企業内のマネジメント、特に〝面談〟で使える！

ということです。今では、ほとんどの企業で導入している「目標管理制度」の実践や、人事評価のフィードバック、日常の業務の中での部下とのコミュニケーションなど、コーチング手法は私が「成果」を出せたように、企業の現場で使えると確信したのです。

コーチングの手法が〝面談〟をうまくやるための有効な手法になると実感し、それ以降、私が多くの経営者、役員、管理職の方々から、〝面談で困っているので何か良いやり方や手法はありませんか？〟と問われたら、即座に〝コーチング手法は面談上の「武器」になりますよ〟、〝小林芳子先生のセミナーを受講してみたらいいですよ〟とお答えしています。

本書では、小林さんの数多くの企業の現場での実績・経験上からの実践的なアドバイスがたくさん紹介されています。

〝面談〟で本当に日々悩んでいるみなさん！　ぜひ本書を読んで、自信を持って〝面談〟をマネジメントに活かせる管理職へと成長していってください。

目次

第2章 ◉ うまくいく面談の前提条件 41

第3章◉第1ステップ【基礎編】経営の流れに合わせた「面談」の種類とその役割　59

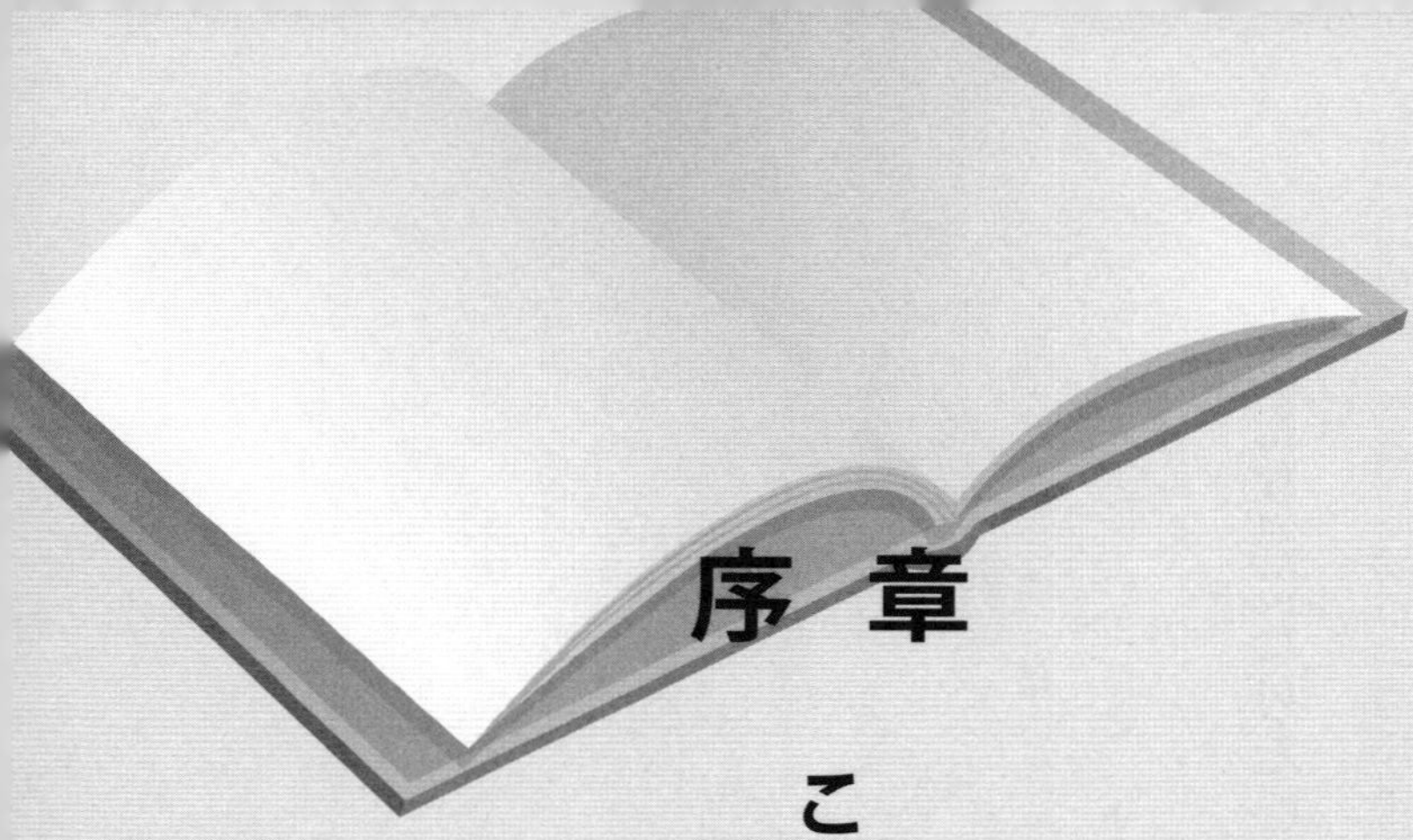

序章

こんな上司には評価されたくない！

あなたが、部下を持つ立場になってから、何年になりますか？　最近になって部下を持った方もいらっしゃるでしょうし、10年近くという方もおられるでしょう。

以前あなたが部下だった頃、「面談」と聞いてどんな気持ちを抱いたでしょうか。「うっとおしい」、「めんどくさい」という気持ちを持ったこともあったと思います。上司が一方的に話すだけで、何のためにやっているのかもわからない。いつも上司からの説教ばかりで、嫌気がさしたこともあるでしょう。「こんな上司には評価されたくない！」と思ったことは一度や二度ではなかったはずです。

またボーナス支給時に、成績が悪い同期にこっそり探りを入れたら、自分よりも支給額が多く納得がいかなかったり、評価基準が全く分からなくて不満に感じたこともあったでしょう。20代の頃の私は、「面談」のたびにそう思っていました。自分が納得できる評価を得るためには、環境を変えるしかない。自分が会社を辞めるか、上司が異動するか、どちらかしかない！　と、本気で考えていた頃もありました。

こんな風になりたいと思える上司との出会い!!

とはいえ、そんな嫌なケースばかりではなかったはずです。この人なら、正当に評価してくれるだろうと思える上司と働いた経験もあったのではないでしょうか。また、指示が明確で、仕事を任せてくれ、最終的な責任はきちんととってくれる。仕事に対する評価も的確で、話をしていると新しい視点が得られたり、気づきがもらえる。そのように、心から尊敬できる上司と仕事ができたという時もあったことでしょう。たとえ、叱られたとしても、素直に反省し、次からはしっかりやろう！　と、気持ちが変わったのではないでしょうか。尊敬できる上司に仕えて、仕事観、人生観が変わった！　という人もいるはずです。

では、部下から慕われる、評価される上司と、そうでない上司との違いは、何が影響しているのでしょうか。そして、皆さんは今、自分自身をどちらのタイプの上司だと思いますか？

しかたのないことですが、上司部下の関係だけでなく、人には相性があります。ただ、好かれないよりは好かれる方がいいに決まっています。しかし、ビジネスでは、好かれるよりも、部下にとって、頼りがいのある上司になることがもっと重要です。頼りになるかどうかは、部下の判断です。頼りになるという意味は、「信頼」できるかどうかの1点に尽きます。約束を守る、親身になって相談にのってくれる、自分のことも正直に話してくれる、秘密は守る、方向性を示してくれる、間違っていたらきちんと叱ってくれるなど、部下との向き合い方が、一番重要です。

皆さんは、頼りがいのある上司でしょうか？

仕事の目的は、事業における成果を出し、お客様に満足を与え、社会に貢献していくことです。そして、皆さん自身が幸せになることです。自分の仕事に誇りを持って、仕事を通じて成長の手ごたえを感じられる。あなたの会社はいかがですか？　もしそうでないとしたら、何がそれを妨げているのでしょうか？

私が社会に出たのは、１９８９年。ちょうどバブル全盛期でした。その頃と比較すると、現在は経済環境や仕事のルールも、すっかり変わってしまいました。

私たちが新入社員の頃と比べて、格段に環境が厳しくなっている昨今、若い世代は、常に、厳しい環境と向き合って生きているのです。給料が当たり前のように毎年上がるという経験もすることなく、賞与も出ない時すらある。彼らから、信頼を獲得することは、こちらも、それ相応の覚悟と準備が必要になるのです。

また、制度の運用も「面談」も、真剣勝負が求められているのです。私たちが育ってきたかつてのやり方では、部下を納得させることはできません。私たち管理職と部下との間には、深いマインドギャップができているのです。

これまでの成長神話が崩壊した１９９７年。その神話の崩壊とともに、人件費を含め、人材活用の前提となる考え方も変わらざるを得なくなりました。この経済環境に合わせるために導入されたのが、「成果主義」の人事制度です。人を、「どれぐらいの期間、この仕事（会社）に従事（貢献）したか？」ではなく、「この仕事で、どれだけ会社の業績に貢献したか？」に評価の軸を変えていく流れが押し寄せました。環境に合わせたつもりでしたが、それも働く人の動機づけにはならず、会社の成長に寄与することにはなりませんでした。現在も経済状況に合わせた人事評価制度に、改めて構築し直すことが模索されています。

ということは、社員の働く意欲を引き出すには、制度だけに頼っていてはいけないということです。評価を、給料や一時金の査定に使うことだけでは、人の働く意欲は引き出せないのは明らかです。我々の先人達が築いてくれた豊かな日本をよりよくするためには、これまでどおりのやり方ではだめなのです。個人の成長と、組織の成長とをすり合わせながら、効果的な関わりを持つ場が必要なのです。

人生を変える場、それが面談

私が面談における対話の重要性に気がついた、ある体験談をご紹介します。

私は、現在コーチと言う仕事をしていますが、その前は、企業の人事部門に在籍する会社員でした。当時勤めていた会社は、目標管理制度を導入し、半期毎に評価を行なっていました。また、お決まりの面談も実施され、正直、半期毎の上司との面談は億劫でした。

私が制度を理解していなかったのもあり、「形だけの面談だな」と思っていました。

数年後、人事異動で上司が変わり、それまでの面談から一変したのです。それまでは、上司からの説明でさらっと終わる面談でした。一変した面談では、上司が質問し、私が考えて答えるという形で面談は進みました。面談で、話しがひと通り終わった後に、上司から「小林さんはどうしたいの？」と問いかけられ、これまで面談中に、仕事について具体的な質問をされたことがなかったので驚きました。自分なりに考えたことを口にしてみると、「やってみたら？」と言われました。「やってみたら」の一言は私にとっては、私自身を認めてもらっていると感じられ、やる気になりました。面談の雰囲気も、これまでは重たい空気に感じられていましたが、私が話をし、行動することが次々と決まっていき、面談の時間が、だんだん楽しく感じられるようになっていきました。以降、面談以外でも、こちらから、「ちょっといいですか？」と話しを聞いてもらいに行くこともしばしばありました。

その面談以来、仕事が楽しくなりました。それまでの私は、与えられた仕事をこなすだけでいいと思っていました。ところが、その上司との面談をきっかけに、仕事に興味がわいてきて、これがどのように組織の中で役立っているのか、自分で考えるようになり、周りの期待に応えたいと思うようになりました。

そして、その後、様々な勉強をする中で気づいたのです。

当時の上司が、私との面談でやっていたのは、「コーチングそのもの」だったということに。

対話＝コーチングは、人生をよりよく変えることが可能である

この上司との面談は、結果として、私の人生を、素晴らしいものに変えてくれました。

それまでの私は、劣等感の塊でした。その上司との関わりを通じて、自分も頑張れば何かできるのではないか、という可能性を感じられるようになりました。同時に、「仕事って本当に面白い！」と思いはじめ、自分の天職だと思える「コーチング」に出会えたのです。

「面談」はメンバーを動機づけるパワフルで前向きな関わり

皆さんにお伝えしたいことは、ただ一つです。よい「面談」は、組織のメンバーを動機づけます。「面談」はやり方次第で、成果が出るのです。「面談」は決して面倒なものでもなければ、「暗い」「辛い」場でもありません。むしろ「明るく楽しい」前向きで建設的な場なのです。

私は、現在コーチとしてたくさんのクライアントを支援しています。私とのコーチング＝「面談」を通じて、自ら高いハードルを設け、それに自ら進んでチャレンジしています。社員との関わりに悩んでいたある経営者の方は、人と関わることが楽しくなりました。しゃかりきになって社員に目標を達成させていた厳しい社長が、社員の力を引き出すための対話力を身につけ、ギスギスした職場から、意欲が出る職場に変わっていったケースもあります。また、営業職の方は、より多くの人たちとともに仕事をする喜びを感じながら、売り上げ史上最高額を目指すことを決めて、頑張っていらっしゃいます。

私には、「面談」が、個人と組織へ良い影響を及ぼすという確信があります。大変な時もありますが、それ以上に、成果に結び付く行動が、自らできるようになるのです。このような体験を、より多くの皆さんにしてほしい。そんな思いで筆をとりました。

コツさえつかめば誰でもできる

これからお伝えしていくことは、すぐに実践できます。それが、これからお伝えする「面談」の極意です。自分・部下・上司、三方よしの職場、会社に変えていけるのです。その主役は、部下を持つ皆さん自身です。それではスタートしましょう！

第1章

面談力で人を育てる

1 「面談」を取り巻く環境

「面談」は「暗い」「うっとおしい」と思っている人がほとんど

みなさんに一つお伺いします。

「面談」や「面接」と聞くと、どんな光景を思い出しますか？

・小学校の頃の保護者面談
・バイトや就活の時の採用面接
・会社での昇格試験の社長面接

などが思い浮かぶと思います。

ではもう一つ。

これらの「面談」「面接」の印象はどんなものでしょうか？

面談を受ける側であれば、「めんどくさいもの」、次に「できれば避けたいもの」「いやなもの」「緊張する」「どうしたらうまくいくのかわからない」「できれば受けたくない」「早く終わってほしい」「暗い」等ではないでしょうか。

では、反対の立場、面談を行う側はどうでしょうか。

私が、企業の管理職の方々に対して実施する面談研修の時に、必ず聞く問いかけが3つあります。

「面談が得意ですか？　それとも不得意ですか？」

「面談をやってよかったと思える人？　やってもあまり効果がないなと思った人は？」

「これまで自分の面談でよくできたと思った時がある方と、そうでない方」

あなたなら、この質問にどう答えますか？

まず1つめの質問に対しては、ほぼ8割以上の方が、「面談は不得意だ。もしくは苦手だ」という答えが返ってきます。2つ目の質問については、9割程度の方が、「あまり効果がなかった」と答えます。最後の質問については、ほぼ100％、「よくできたとは思えない」と答えます。実施する側も、よい印象は持っていないのが普通です。ましてや、人事考課となれば、なおさらです。対人関係に自信が持てない方などは、「面談恐怖症」の方もいらっしゃるでしょう。

私は人事評価に関して、ここ10年ほどで、さまざまな立場で関わらせていただきました。そこで、管理職の皆さんが、どんなことで困っていらっしゃるのかを、たくさん聞く機会がありました。あなたもこれから挙げる「面談恐怖症」の、どれかに当てはまるのではないかと思います。

「面談恐怖症」【その1】受け身な態度の部下との面談

私も、人事考課面談を受ける時期がありました。面談を受ける側、被面談者の立場の時は、あまり良い印象を持っていませんでした。そして、仕事内容はルーティン主体だったこともあり、「どうせ、点数なんて変わらないのに、時間の無駄」と、受け身な態度でした。正直、面談をしてもどう評価するの？　と思っていました。評価されるなら、上司より、仕事を教えてくれたり相談にのってくれる、先輩社員に評価してもらった方が、よっぽど納得がいくのにと思っていました。上司との面談時は、「こちらから話すことはないし、とりあえず話を聞いて終わりかな～」となるべく早く終わらせるためにどうしたらいいかだけを考えていました。前向きな態度や発言は絶対にできませんでした。皆さんも、私のような受け身タイプの部下を、一人や二人抱えているのではありませんか？

「面談恐怖症」【その2】ほとんどしゃべらない部下に手を焼いている

これは、実際に関わらせていただいた企業であったケースです。

面談者が、気楽に話してもらおうと声をかけても、「はい」としか返ってきません。内容について、「説明してくれるかな?」という質問にも、「書いてある通りです」というありさま。ひどい時などは、質問しても、答えそのものが返ってこないこともあったそうです。この部下の方は、どちらかと言えば口下手で、職場でもあまり話をするタイプではないのだそうです。上司からしても、毎回この部下との面談が苦痛で、本当に困っていらっしゃいました。こんなケースでは、逆に上司が、メンタル不全になる場合もあるようです。

このように、部下がほとんどしゃべらないからといって、面談を進めないわけにはいきません。しかし、一方的に話して終わることが、はたしてよいのかと、上司側の疑問は払しょくされません。悩ましいところです。

「面談恐怖症」【その3】一番困るのは年上の部下への評価面談

これは、ここ10年ぐらいで急増しているお悩みです。評価の対象者の中に、自分よりも年上の社員がいるケースです。これは20年前にはあまりなかったことでした。バブル以降、低成長時代を迎え、競争力を上げるために、ラインのトップに若手を抜擢することが増えてきました。必然的に、今までの管理職たちを、若手の上司が評価するのが普通の時代になってきました。

以前あるメーカーの管理職の方から、「年上の部下の評価は本当に難しいし、面談なんかやらなくていいものならやりたくない」という切実な悩みを打ち明けられたことがありました。その方は30代後半。部下は50代前半。話を伺うと、その部下は、新入社員だった頃に、仕事を一から教えてもらった方だったのです。「今、仕事できるのは、その人のおかげで、社会人の基本を一から叩き込んでもらった。今、自分がこうしていられるのもこの人のおかげでとても感謝しています。その人を評価する立場になって、正直しんどいです」とおっしゃっていました。彼の複雑な気持ちは、痛いほど伝わってきました。

年上の部下に対して、どのように接していくのか、そして人事考課を実践し、動機づける場面で、どのように進めていけばいいのか、どう進めていくのが適切なのか、管理職としての力が試されています。

「面談恐怖症」【その4】評価が下がるときのフィードバック面談

自他共に好評価であれば、問題はありません。ただ、最終評価が下がった時がやっかいです。部下に評価結果を正直に伝えたのに、「どうしてですか?」と詰め寄られたり、思った以上に反発と抗議をされてしまう場合もあります。それがトラウマで、面談がしばらくできなくなってしまった管理職の方もいらっしゃいます。最近では、「評価が下がった部下に対する面談のシミュレーションだけに的を絞って研修をしてほしい」、という要望も増えています。

いかがでしょうか。皆さんは、どのパターンでお困りでしたか?

他にもウマの合わない部下との面談や、目標設定の難しい時の面談など、難しい事例は、たくさんあります。

うまくいかない面談の共通点とは

・威圧的な上司と、萎縮する部下という構図
・上司が一方的に話して終わる
・部下は返事以外はほとんどしゃべることがない
・雰囲気が暗い
・面談の時間は総じて短い

うまくいかない面談は、このように、総じて部下が居心地の悪い感じを持っているという共通点があります。これでは、やる気はおろか、言葉を引き出すだけでも容易ではありません。では、なぜこうなってしまうのでしょうか。その理由についてもう少し掘り下げていきたいと思います。

2　なぜ面談は機能しないのか

面談の目的がはっきりしていない

知人の会社で、これまで年2回行っていた面談を、止めることにしたところがありました。理由を伺うと、「話を聞くのは無駄だとは思わないが、時間をかけてやったとして、どういうメリットがあるのかわからなくなった」というのです。面談はやるに越したことはないけれど、面談の目的が、全くわからない。現場の正直な声だと思います。

手段が目的になっていませんか

次にあげられるのは、現場の仕事と連動しないケースです。目標管理を導入されている企業で、制度は入れたが、運用がうまく回らず、現場の手間ばかりかかっているという話を、よく聞きます。人事考課制度や目標管理制度を「運用」することが目的になってしまい、現場の仕事とは全く連動していない目標が、シートに書かれていることがあります。無駄な仕事が増えるだけで何のためにもなりません。こんなことなら、制度自体ないほうがましです。

しかし、ルールとして決まっていることが多いので、実施しないわけにはいきません。実際の仕事と連動しない目標は、記入したらそれで終わりで、後にフォローをするわけでもなく、期末になってから、達成できそうな目標に書き換えたり、評価をうまく調整するようなこともあるでしょう。変化の激しい経営環境の中で、無意味な運用を行っていては、仕事がうまくいくわけがありません。

制度の手続きを踏むことが目的になり、制度の本来の目的を理解して進められていない、手段が目的化している典型的な事例です。

このように、手段である「面談」を含めた制度の運用が目的化されてしまうのはなぜでしょうか?

その理由は、「短期的思考」と、「モデル不在」の2つだと、私は考えています。

まずは、「短期的思考」についてです。与えられた人事評価や、面談実施、制度の運用の本来の目的は、経営ビジョンを実現するための組織づくりと人づくりです。めまぐるしく変わる経営環境に振り回されて、思考停止がおこり、先が見えないと思い、「あきらめ感」を抱き、結果として、その場しのぎの対応になってしまっているのだと思います。

私が考えるもう1つの理由は、「モデル不在」です。

高度成長期の時代は、右肩上がりのマネジメントスタイルでした。指示命令系統がはっきりしていて、会社の方向性も常に右肩上がりの「成長ありき」が前提で行われる組織の運営方法でした。

制度の変更は行われましたが、それを動かす組織運営の手法は、見たこともやったこともなく、目標の立て方などの研修で実践方法を学んだとしても、現場で実践するのは至難の技です。その中でも、センスがある人や、コミュニケーション能力の高い一握りの人たちは、学んだことを自分のやり方で実践していきますが、ほとんどの管理職が、やり方はわかるが実践できないで、頭を抱えているというのが実情です。

手段の目的化は、決して変えられないものではありません。コツさえつかんでしまえば、決して難しくありません。私が、これまで指導させていただいた経営者や、管理職の方々は、これからお伝えする「面談の目的」「流れ」「対話の設計」「コーチングカンバセーション」を学ぶことで、部下との信頼関係を構築し、みごとに克服されています。

3　面談は変えられる

きちんとした流れと対話のコツさえ理解すれば「面談恐怖症」は克服できる！

先の『「面談」を取り巻く環境』で出てきた、4つの「面談恐怖症」は必ず克服できます。ウマの合わない人に、文句を言われる場面があったとしても、必ず、面談の達人になれます。私の経験をお話しします。これまでプロコーチとしてやってきた中で、当然自分とウマの合うお客様だけではありませんでした。企業から数名をお預かりして、育成を絡めたコーチングを実施する時には、私には選択権はあるはずもありません。

ある時、実施したプロジェクトで、担当する方と全くウマが合わなかったのです。最初は、どうしようかととても悩み、先輩コーチに相談しました。そのコーチは、次のシンプルな3つの質問をして下さいました。

「そのクライアントの特長を話して下さい」
「このプロジェクト（コーチング）を進める上で大切なことは何ですか？」
「そのクライアントのゴールは何ですか？」

その3つの質問を考え、答えたことで、私自身が、ウマの合わないクライアントに対して、ニュートラルな見方ができるようになり、コーチングの手順について振り返り、そのクライアントの目標についての話ができ、お陰でその方とのセッションについての不安が払しょくされました。結果として、期間中全く問題なくコーチングを進めることができました。おまけに、終了後も継続してコーチをさせていただくまで発展したのです。私としても驚きの結果でした。

そのためには、正しい手順と流れ、人との関わり方、対話の技術を習得するだけなのです。それさえできれば、面談を通じて、成果を引き出すことも可能なのです。

面談だけではない。あなたのマネジメント能力にも変化が！

あえてここでは「面談力」という表現を使います。あなたの「面談力」を上げることは、他にどんなよい影響があるのでしょうか。

経営学者のカッツが、管理職に必要な3つの能力として、「テクニカルスキル」「ヒューマンスキル」「コンセプチュアルスキル」があると言っています（図表1参照）。

その中でも、「ヒューマンスキル」は、どの立場においても、大切なスキルであると言っています。コミュニケーション力を向上させられれば、ヒューマンスキルの向上にもつながるのです。

面談の流れとコーチングを理解しよう

あなたの面談力を上げるために、大きく2つのことを学んでいただきます。1つは、面談の構造と流れを整理して押さえること。もう1つは、対話の技術です。これについては、主にコーチングの枠組みを使います。その他、面談をうまく進めるための知識や、心理学の要素も、付け加えてお伝えしていきます。

コーチングの基本を理解することで、上司としての部下のやる気の引き出し方や行動化へのアプローチも学ぶことができます。結果として、「マネジメント力」「リーダーシップ」が向上するきっかけにもなるでしょう。

図表1

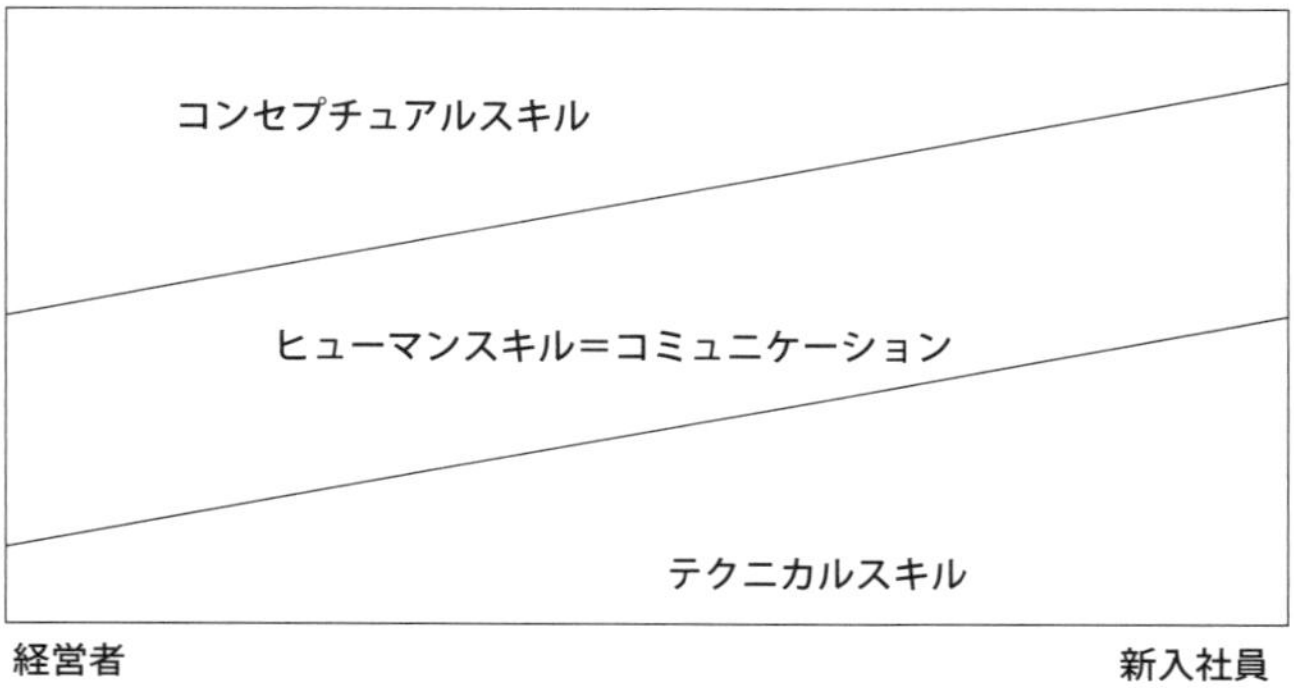

これまでは、面談で活用できる対話のツールがなかった

これまでの人事考課者研修では、人事考課制度の説明や、評価をどうやったら正しくできるのかに重点が置かれていました。部下との面談の進め方については、ほぼ手つかず。市販されているビデオを観て終わるぐらいでした。その理由は、これまでは、現場でわかりやすく使えるような、対話のモデルやルールがなかったからです。面談をどのようにすすめるかは、個人の裁量に任され、個人の力量によって大きな差がありました。営業マン研修では、会話のロールプレイなどが多く実施されるのに、なぜ考課者トレーニングで、部下に対して対話のトレーニングがないのか、とても不思議です。

コーチングの技術は、人事考課面談や、職場での部下との目標達成の場面で、とても有効です。

そのことを私に気づかせて下さったのは、尊敬する人事系カリスマコンサルタントの山本信夫先生でした。2002年に山本先生のコーチをさせていただく機会をきっかけにして、先生の実体験の中で、「これは面談で使えるぞ！　これまでは、評価者研修で深く入れないところだった」という力強いお言葉をいただきました。人事に精通し、多くの企業の人事制度、目標管理制度を設計指導してこられた先生に背中を押された形となりまし

た。その言葉通り、面談研修にコーチングを取り入れて実施させていただき、多くの管理職の方から、「やっとやり方が分かった」「面談で何をしていいのかよくわからなかったけど、現場で使えます」といううれしいお言葉を数多くいただくようになりました。

究極の面談を目指して…

究極の面談の姿とはどういうものだと思いますか？　私は、こんな風になったらいいだろうなあと考えています。あなたが、ある面談前の上司という設定で読んでみて下さい。面談を受けた側＝被面談者が、動機づけられ、未来に向けて前向きな気持ちを持って、面談を終える。そして、継続的に目標への行動をし続け、結果や成果が出る。

ここで学んでいただくのは、うまくいかない面談を好転させるというあなたの悩みを解決するだけではありません。究極の面談の姿に欠かせないものは、面談を通じて組織の力も上げていくことができる面談の進め方です。

行動は、変化そのものです。行動が変わると、結果が変わります。あなた自身が、面談での行動を変えることで、あなたと関わる部下や社員に変化が起こり、組織全体にも変化が起こるのです。

面談で成果を出すための2つの視点

成果や行動につながる面談の重要なポイントは、次の2つです。

「面談を受ける側に焦点を当てる」
「面談は生《なま》もの」

これまでのあなたは次のように考えていませんでしたか。

「この評価を伝えなくちゃいけない。なんて言ったらいいだろう？」
「面談で言わなくちゃいけない項目は…」

このように、自分が、「どうしたらよいか」ばかりを考えていたのではないでしょうか。
面談は、コミュニケーションです。コミュニケーションの結果は、相手に対して何が伝わったかで評価されます。評価は、あくまでも相手が決めるものです。物事の受け取り方も、十人十色。自分が考えた通り、どの部下にも同じように接することで同じような結果を生み出すことは、無理なことなのです。

相手にどのように伝わると「行動」につながるのか、ということが面談に求められる大切な視点です。

もう1つの大事な視点は、「面談は生《なま》もの」ということです。面談の進め方や段取りなどを、いくら身につけたとしても、当日何が起こるのかは、全く予想できません。通り一遍の準備、同じ事を同じように伝えるというパターンでは、よい結果は得られません。

巷で起こっている、パターン化されたよくない面談の一例をご紹介します。

面談が終わって、メンバー間で情報交換をしたそうです。上司とどんな話をしているの？　と尋ねたら、メンバー全員、上司から一言一句同じ質問を受けていたというのです。驚きですね。また、その上司は、質問に答えた部下に対して発する返答も、「なるほど。わかった」と言うらしく、それも他のメンバーと同じだったそうです。部下の気持ちとしては、「どうせ同じことを聞かれるし、面談も早く終わってくれたらそれでいい」と、あきらめ感でいっぱいです。期首に作る目標も、上司がある程度決めているものでした。仕事の内容も、ルーティン中心だったこともあったのですが、やる気が出るわけでもなく、やらされ感とともに、仕事を淡々とこなすだけの毎日です。

よく考えてみて下さい。部下一人ひとりは違う人間です。いくらルーティン中心の仕事とはいえ、内容も違えば、スキルも違う。ましてや入社年度も違います。それを同じ時間で、同じ質問で進んでしまうことなどあり得ません。こんなことでは、部下のやる気も引き出せるわけがありません。面談の意味もなしておらず、目標自体もうまく使いこなせていない典型的な例です。

より良い面談を進めるためには、戦略を立てる必要があります。戦略とは、成果を導き出すための目的が明確で、プロセスが設計され、実行可能なもののことです。会話の戦略の立て方が理解できれば、その先にある「目標」や「変化」を作り出すことに近づきます。「面談」は、ゴールを達成する過程を、進めやすく変えていける場として捉え、そのためにどんなことを考え、何を身につければよいかを、お伝えしていきます。面談を実施する側も受ける側も双方が満足する、WIN＝WINの関係を目指していきましょう！

第2章

うまくいく面談の前提条件

1　制度や面談の「真の目的」を理解する

では、ここからは、具体的にうまくいく面談の進め方について、まずは、「面談とは」という定義からスタートしましょう。

面談とは何か

面談には、「一対一の話し合いの場」とか「上司と部下との目的を持った意見交換の場」など、色々な解釈があります。

ここでは、面談を次のように定義したいと思います。

「相手の成長を視野に置き、各目的に合ったコミュニケーションを通じて、信頼関係を深め、相手のやる気を引き出し、行動につなげる一対一の対話の場」

面談の目的は組織づくりと人づくり

面談をうまく活用して成果に結びつけた事例を紹介します。

幹部候補者でもある事業部長クラスへのマネジメント研修時のエピソードです。

一つ目の会社の営業部長は、「部下の成長が組織の成長で、もし目先の数字が上ったとしても、部員のスキルや力がつかなければ、本当に仕事ができたとは言えません」と、言い切っていらっしゃいました。なぜ言い切れるのですかと伺うと、「お客様から頂くお仕事は、自分がやればいいことかもしれない。しかし、仕事の成果は自分の数字ではなく、部下がどのぐらい自分でできるようになったかが重要だ。部下が腕を上げて、できるようにならなければ、企業自体が成長したとは言えないからです」そのために、どんなことを心掛けているのですかと伺うと、「部下の状況をしっかりと把握するために、部下一人ひとりと面談を行い、現場の声をちゃんと聴くことを徹底しています」とおっしゃっていました。

そうなると、昨年より今年のほうが人も育っていき、仕事の幅が広がっていきます。少しずつですが、一つひとつがかみ合ってきて、着実に結果を出す人が増えて、売り上げも右肩上がりが続いています。

まさに面談をうまく機能させ、組織づくり人づくりを実践している事例だと思います。

このように面談では、対話を中心に、相手の成長＝育成をめざすところからスタートします。私たちが、部下との面談を行う原点は、評価制度の本来の目的である**「人材育成」**です。**「仕事を通じての人づくり、組織作りを促進する動機づけの一つ」**です。あなたは、評価制度の目的を「査定」「ジャッジ」をすることだと思っていませんか。それは、一つの側面にすぎません。評価制度は、評価の客観性を持ちながら、活動の結果を「見える化」し、その「見える化」した結果を元にして、社員のやる気と行動を引き出すための仕組みです。決して人をランク付けすることや、給料を決めるためのものではありません。制度の目的を、「給料を決めるものだ」と定義してしまうからこそ、面談が辛く、そして暗いものになってしまうのです。

私たち、経営者・管理職の使命は、ビジョン実現という道のりの中で、部下やメンバーが仕事に情熱を燃やし、成長を実感できるような「場の提供」です。そして人事考課や評価は、彼らの成長を測定するための**「ものさし」**なのです。

ここが一番需要なポイントなのです。

2 面談は「対話」がポイント！

やってほしいことと、実際にやっていることがずれている

面談とは、**「相手の成長を視野に置き、各目的に合ったコミュニケーションが実現され、信頼関係を深め、相手のやる気を引き出し行動につなげる一対一の対話の場」**といいました。

目的は、「育成」ですが、相手がこちらを信頼しなければ、「育成」をただ強要するだけになってしまいます。

ここで私が、強要することによって失うものがたくさんあることを学んだ事例をご紹介します。

ある会社で、部下との面談を見てほしいという依頼を受けて、面談に立ち会うことになりました。上司の悩みは、部下から発言や意見が出てこないので困っているということでした。面談当日、現場の面談を拝見してみて、「なるほど！」と合点がいきました。

面談の冒頭から、上司が、その部下の業務についての修正点を一方的に話し始めました。部下は、黙って目を伏せて聞いていました。話が一段落すると、上司から、「どう思う？

君の意見は?」と質問が向けられました。すると、部下が、自分なりの意見を話し始めました。上司は、その話の途中で腰を折り、「そんなこと聞いているんじゃない! 悪いと思っているか、聞いているんだ! どうなんだ?」と強い口調で言いました。部下は、その言葉を聞いて、暗い表情で「悪いと思っています。申し訳ありませんでした」と素直に謝りました。すると、上司は、「そうだろう、おれが言った通りじゃないか。その原因はこういうことだろう…」とまた延々と持論を展開し始めました。部下は、「はい」としか言えない状態が続き、20分たったところで面談は終了しました。

上司の方は、部下が退出して一言、「やっぱり部下は分かっていない、まだまだでしょう。もっとできるやつだと思っていたんですが、全く的を得た話になりません。正しい答えや意見を出すなんて、まだまだできないんでしょうか?」と私にぼやき始めました。

うまくいかない面談では、とかく上司が一方的に話しがちです。上司の論理展開の通りに、進んでいきます。しかし、上司は部下から意見がほしいと言います。何でもいいから発言していいぞ! と言います。

この上司は、本当に意見がほしいと思っています。その気持ちもよくわかります。ただ、この上司が本当にほしいのは、「自分と同じ答え」なのです。乱暴に言うと、部下が考えていることや、本当に思っていることは、聞きたくないと思っているのと同じことです。

社員の自立性を高めたいと言っている会社はたくさんあります。しかし、今回の事例のように「こちらの考え通りでないと受け付けない」というコミュニケーションが成立している会社では、自発性を引き出すのは、非常に難しいのです。自発性を高めることの本当の意味は、**「自分と違う意見が出ることを許容し、それを調整しながら、組織を運営していく」**ことにあります。上司の欲しい答えしか求めないでいると、自発性と反対の、**受動的な行動**を引き出していきます。

自発性を引き出すには、安心感が大事

では、意見が出やすい環境はどのように作られているのでしょうか。先の事例では、どうだ？　と上司から水を向けられ、部下が出した意見を、完全に否定されていました。このようなことが繰り返されると、部下は意見を言うのをやめてしまいます。そして次第に、上司の顔色を伺う部下となっていくでしょう。

自発性を引き出すためには、上司にとっての都合がいい状態ではなく、面談の主役である部下にとって、安心できる場づくりが一番大切です。部下が自分のことを率直に語っても、非難されない場ができているかどうかがポイントです。安心感があれば、人は気持

ちが軽くなり、より開放的になっていきます。部下が自発的に話すことも多くなるでしょう。

自発性を引き出せれば、部下の納得度が上がる

第一に安心感が大事です。そして、その安心感を強く感じられれば、自分から何かをしようとする自発性が高まります。自発性を高めていくと、自分の意見を素直に伝えることができるようになります。自分の意見を口に出すと、そこには、自分の思いが込められています。話すことでその思いを自分で再度確認できると、部下自身の納得度が高まります。

納得感を醸成するには、自分自身で、そのことを口に出して話すというプロセスが必要です。私が、部下が話をする、口に出して発言することにこだわるのは、ここに理由があります。話すことで、自分自身で再度考えを整理し、大事な物事を決定していくプロセスを踏むのです。そこで生きてくるのが「対話」なのです。

「対話」が作る良い関係

対話とは何でしょうか？　私は次のように整理してみました。

「場の雰囲気」を縦軸、横軸は「内容」です。場の雰囲気は、「自由」か「緊迫」か。内容は、「真剣」か「たわいもない」ものかに分けて考えてみます。

「議論」とは、「真剣な内容を、緊迫した雰囲気で話す」ことです。議論は、相手との間で、勝ち負けのある結論を導き出します。その結果は、どちらかの主張が取り入れられます。それ以外の主張は退けられるというのが、一般的な「議論」です。

一方、おしゃべりは、「自由な雰囲気でたわいもない内容」といえます。おしゃべりでは、雑多な話題が生まれ、感想もあれば、意見もあります

図表2　議論・対話・たわいもないおしゃべりの違い

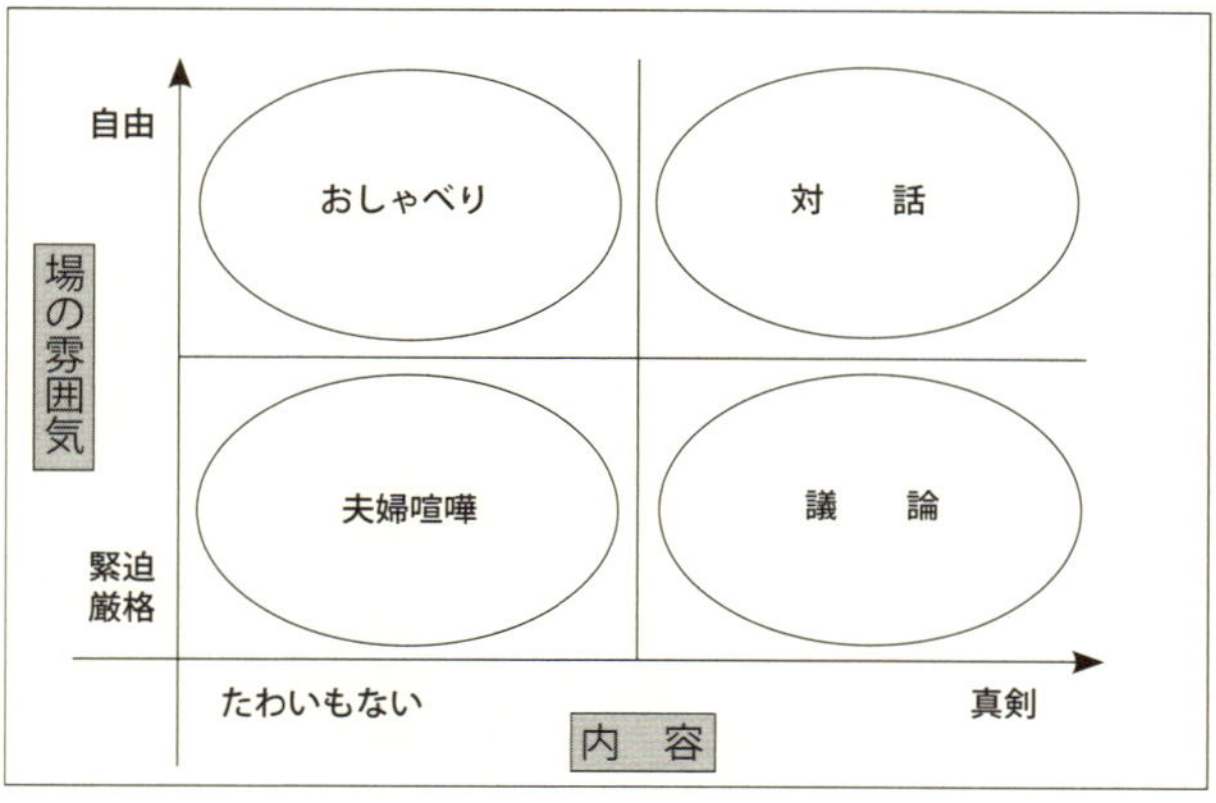

が、自由で縛られることなく話は進みます。お互い同士を理解し合い、コミュニケーションそのものが目的となる場面が、おしゃべりの場面だと考えられます。関係性を深めるのには重要な役割を果たすことが多いのが特徴です。

最後に「対話」は**「真剣な内容を自由な雰囲気で語り合うこと」**です。対話をすることで共通認識を持つことができるようになり、面談におけるスタンスに大いに役立ちます。対話のプロセスでは、相手に話をしてもらうよう、こちら側は「傾聴」を意識する必要があります。そうすることで、さらなる信頼関係が育まれるのです。信頼関係を基盤としなければ、どんな組織も成り立ちません。信頼関係を作り出したい時には、相手の話を聴き、対話を重ねていきましょう。頻繁にコミュニケーションをとることで、頼りになる仲間という意識も生まれます。あなたが部下にとって、近くにいて頼りになる存在になれているかどうかは、部下との対話ができるかどうかで決まるのです。

傾聴を通じて安心感、信頼感、そして納得感を引き出す

序章でお伝えした私と元上司との話ですが、険悪だった状態から、半年ぐらいで相談に乗ってもらうようになりました。上司は忙しいですが、手を止め、必要であれば、話し

やすい場所に移動して話を聴いてくれることもありました。そんな時、私が一方的に内容を説明していたり、または、愚痴のようなものもあったようです（最近元上司に聞いた話で、その頃の私は、相当ネガティブな発言が多かったらしいです）。しかし、それに対して、苛立つわけでもなく、ただ「ふんふん」とテンポよく聴いてくれているだけでした。ひとしきり話し終えると、お決まりの質問でした。

「小林さんはどうしたいの？」

とても印象に残っているのは、一言も私の話しに、反論や否定はなかったのです。私は、相手から脅かされることなく、ある意味好き勝手に話せたのだろうと思います。否定されないことへの安心感に加えて、信頼感を抱くようにもなっていたのだと思います。

その結果、自分で話すことの後で、「どうしたらいいと思うの」という質問で、自分で考え、その答えを話すことで、自分の仕事に対する納得感も高まっていきました。

結果として、仕事が面白くなり、自分から勉強するようにもなりました。

この事例のように、対話を増やし効果的な問いかけができることで、あなたと部下との間に、多くの情報が共有され、その結果上司は、現場を良く理解できるので、相互の信頼関係ができ、仕事への納得度が向上し、より相手が成長していくための支援ができていくのです。

3 目標に対する「意味づけ」で、組織と個人のビジョンの接点を作る

やる気は、他人ごとでは出てこない

納得度を高める対話の重要性に加えて、もう一つ、面談の中で、相手のやる気を引き出す考え方についてお話しします。

あなたは、どんな時にやる気になりますか？　私は、自分にとって意味があると思えた時、やる気になります。それに加えて、信頼している人がそばでちゃんと見てくれていることが、やる気の源泉になります。

私は、コーチングを通じて、人がやる気になる場面に幾多も遭遇してきました。

会社の目標がなかなか達成できず悩んでいたクライアントは、「やらなければならないことは分かっているけど、どうしても動けない。」と言うのです。聞いていて気になったのは「やらなければならないこと」という言葉でした。この言葉に込められた意味は、「自分の本意ではない。誰かに頼まれたからやるもの」と聞こえます。ようは、「自分がやると決めていない」ということなのです。

「自分にとっての意味づけ理由づけ」が自発性を引き出す

「自分がやると決めていない」のであれば、どうしても動くのは苦痛でしょうし、能率も上がりません。そこで、ゴール設定の時に「ある質問」をしてみたところ、「なるほど、この目標を達成するプロセスで、新しいスキルを身につける機会なのかもしれません。それで…」とどんどんとゴールに向かうためにいろんな話をし始めました。

私がした質問は、

「目標（ゴール・達成したいことがら）を達成することは、あなたにとってどんな意味がありますか？」という質問でした。ポイントは「その人にとって」の意味を問いかけるところです。

会社にいる限りは、組織の存在意義やミッションを実現するために力を出すことを求められます。しかし、それはあくまで「やるべきこと」「そうすべき」もので、自分のものでなく、違う世界のものなのです。

目標について、自分自身のやる理由が見つかると、「他人事」だった目標が、自分にとって大切な何かを獲得する「道具」というイメージに変わります。意味を問いかけることで、目標と自分との接点を見い出し、「自分自身とのつながりがあり、やってみたい価値あるもの」に変化するのです。

セミナーや研修の時、その日得たいこと＝ゴールを考えてもらう時間を持ちます。目標を立てられたら、先ほどの質問をするようにしています。参加者の皆さんから、「自分で立てたゴールですが、このゴールにした理由が納得できました。そして、このゴールを本当に達成したいと思いました」と必ずおっしゃいます。目標やゴールと自分との関係性がはっきりとするのです。理由がはっきりし、絞られると、人は動きやすくなります。

これが、「自発性を引き出す」とても大きなポイントです。

理由づけができれば部下は自走する

私も前職で、元上司から「この目標をやることで小林さんはどうなると思う？」と問いかけられたことで、仕事への取り組み姿勢が変わりました。これまでは、最終的にやれなくても、上司が何とかするだろう、という甘えがありました。それ以前に、どうせ期待されていないのだからと、軽い気持ちで捉えていました。

上司に改めて問いかけられて、正直戸惑いましたが、自分の目標と組織とがつながった体験でもありました。目標への納得感も上がり、それ以降は、自分からいろんなことを実践するようになりました。

上司の意志も試される

目標に自分なりの意味づけができると、自走すると書きました。でも、それだけでは、達成されません。他に何が必要なのでしょうか？

それは、「上司自身の目標達成に向けての意志」です。上司の意志も試されるのです。上司自身が、「この目標は難しいなあ」と思っていれば、目標は達成されないままで終わってしまうでしょう。中途半端な状態では、部下の言い訳も「そうか、そういうこともあるな」と受け入れてしまい、足元から崩れていくのです。

こんなエピソードがありました。ある会社の営業所長のコーチングをさせていただいた時でした。営業所の売上必達のためのコーチングプロジェクトでした。その営業所は全部で約20名ぐらいのスタッフがいるところでした。

その所長さんは、コーチングの時間で決めた次回までの宿題について、全てやり遂げるということはほとんどありませんでした。少し手はつけるが進まない。コーチングの時間の中で繰り返し出てくる言葉は、言い訳ばかり。「人が少ないから」「今営業がバタバタしているから」「時間が足りなくて」でした。

ある日のコーチングで、ひとしきりお話をし、最後に「次回までに何をすると決めますか?」という質問に、「そうですね。部下に声かけをします」とおっしゃいました。「どのぐらいやりますか?」と聴くと、「そうですね、1日3人ぐらいかな〜」と気楽に答えて下さいました。この答えにはさすがに、私も気持ち穏やかではなくなりました。

なぜなら、研修とはいえ、数字の必達をテーマにしている場。そしてその為に時間もお金も投資をしている。それに、小さいとはいえ、営業所という組織のトップとして、組織全体を見て、彼らの士気を上げていくことが営業所長の務めです。本気で売上必達していくと決めていれば、「1日3人ぐらいかなあ」という答えは、出てこないはずです。本気で取り組んでいるとは思えませんでした。

実際の売上は、案の定、全営業所中、下から2番目でした。

その所長さんには、「本気でやっている人から出る言葉には思えない」と素直にお伝えしました。

部下は、上司をよく見ています。その所長さん自身、決して悪意があるわけでも、売上を軽んじているわけでもないのです。ただ、「本当に達成したいと決めていない」だけだったのです。

いくら部下に、意味づけをし、彼らの意欲が上ったとしても、トップや上司が、彼ら以上の本気で取り組んでいなければ、いくら面談をやったとしても水の泡です。

部下に意味を問いかける前に、上司自身がこの目標に対して「本気でやりきる」と決めているか、自分に問いかけて下さい。
もし、部下から目標に向けての行動が出てこないなら、まずはあなた自身を振り返って下さい。

図表3　うまくいかない面談とうまくいく面談比較表

項　目	うまくいかない面談	うまくいく面談
評価制度の目的の理解	査定・ジャッジ	育成を視野にいれ考課
上司のスタンス	上から	パートナー
話す量	上司＞部下	上司＜部下
面談のプロセス	一方的な伝達と感想	役割期待を伝え、対話
面談の結果	説得とやらされ感	納得とやる気
面談の雰囲気	暗い・息が詰まる	明るい・和やか
双方の表情	固い・しかめっ面	柔和・笑顔
面談の環境設定	配慮なし、又は真正面	静かな場所で、はすかい横並び
時間	短い	適度な時間、長い
視点	過去の欠点修正思考	未来への対策思考

第3章

第1ステップ【基礎編】
経営の流れに合わせた「面談」の種類とその役割

1　面談の位置づけを理解しよう

部門は、会議と日常会話だけでは運営できない

面談は、どんな時に効果を発揮するのでしょうか。わざわざ面談なんてやらなくても、日常の関係を部下ととれていれば、いいじゃないですかと思われるかもしれません。でも、本当にそれだけでいいのでしょうか。次の事例をご紹介しましょう。

先日、ある会社の営業部長から、部下への方針の伝え方について、こんなエピソードを聞きました。

部下は30名ほど。課長が3名でそれぞれの営業課をまとめています。特に、若手の売り上げが思ったように上がらないというのが、その営業部の課題でした。3名の課長から、年度方針を部下たちに伝えてもらっているが、どうも方針と違う行動をしている若手が見受けられたので、部長は、思い切って「全員面談」と称して、30名の部下全員と、一対一で面談をすることにしました。

面談では、会社の方針について、どのぐらい理解できているか、自分の仕事は何か、そしてその仕事の難易度をどう感じているかを、具体的に個別に聞いていきました。

そこでわかったのは、課長から部下たちへは、課の会議で一度伝えただけで、それ以上に何もされていなかったことでした。その部長さんは、最初は課長が伝えていないのに、少々腹立たしさを感じていました。しかしよく考えてみました。課長のせいにしていた自分を反省しました。課長さんたちは、部長のスタイルをまねていただけだったのです。部長が、一人ひとりの言葉に耳を傾ける時間をとった結果、現実に起こっていることが理解でき、原因は、自分にあったとわかったのです。そこから部長さんは、課長との面談を行い、彼らに直接方針を伝え、それについての意見交換と、部下に対して個別面談をしてもらうように依頼しました。そして、面談結果を報告してもらうように伝えました。

部長さんは、「現実の仕事がどう進んでいるか、本当に知らなかった。そして、それぞれの部下によって、こんなに伝わり方が違うというのも理解できた。課長は信頼していたが、信頼しているからこそ、彼らがどう部下と向き合っているかをきちんと上司として理解するような努力が必要だし、それが自分の仕事でもある。そこが抜けていたことに面談を通じて気づきました」と、真剣な眼差しで語っておられました。

面談でしかできないことがあることを理解しよう

面談では、会議ではできない「個別対応」が可能です。日常業務を推進するために必要なコミュニケーション以外の大切なことを、改めて確認する場としても活用できます。また、「個人」に焦点をあて「どう考えているか、どう感じているか」を理解し合う場としても有効です。また、組織内での信頼関係を深める場としても、その力を発揮します。個別に対応することが、上司に対しての信頼感を高めることができ、上司も、部下の生の声を聞くことで、相手の人となりをより深く理解できるようにもなり、きめ細かな指導や育成もできるようになります。

相手の理解度の差を微調整することもできるのです。それにより、全体のマネジメントをうまく進めていけるようになります。

面談の目的は、被面談者の成長を視野に置き、目標や行動の**「共有」**により、双方の**「納得度を高める」**ことにあります。そして、面談を継続的に実施することにより、**双方に信頼関係を深める**ことです。

もう一つの側面としては、面談は部下一人ひとりに合わせた動機づけが可能です。強みや弱み、評価の結果とそのポイント、本人へ求める期待値、その他に感じている日常での行動についてのフィードバック等です。

私の体験ですが、面談で上司から伝えられた「自分の強み」が、力になった出来事をご紹介します。

期中のことです。社内研修の新しい企画の具体案が決定し、導入するという段階に来ていました。その企画では、社内で研修講師を募集し運営する企画で、いくつかの部門から候補者を出していただく段階になりました。部内の調整をするために、上司と詳細の打ち合わせをしていた時に、「部内の講師って誰にお願するつもりなのですか?」と尋ねたところ、「やったら?」と突然言われました。「小林さんは、前に立って話をしたら説得力あると思う。やってみたらどう?」と言って下さいました。打ち合わせという場でしたが、私自身が思ってもいなかった視点をもらうことで、「上司は自分のことを見てくれているのだ」と心から思うことができました。

そして、最も重要なのは、日常の関わりです

よくセミナーで、「先生、面談は大事だってわかりますが、面談しようとしても、全く話しにのってきません。面談をやろうと思っても無理ですわ!」と、言われます。

当たり前のことですが、部下との間に、信頼関係がなければ、目標達成も、部門運営も、ひいては会社運営もままならないものです。部下との関係性を、日頃からより良くしておく努力も、上司であるあなたの仕事です。

信頼関係は、一朝一夕には作り出せません。基本として大切なのは、相手を知ろうとする態度です。その態度は、相手に興味関心があることを示す、「傾聴」の姿勢です。私が、この本でお伝えたいことは、上司が一方的に話すのではなく、部下の話をよく聴くことの大切さなのです。そうすることで、相手との関係性を向上させることができます。そして、話を聴くことにより、相手の主体性を引き出すことができ、それが自発性と自立を促すきっかけになるのです。

2 経営の流れに合わせた面談の種類とその役割とは

面談とは、経営の成果と部下の成長を確認する場として、会計年度と制度のタームである半年、または1年で進めていきます（図表4）。

期首　目標設定面談

期首には、社や部門方針の発表などの後に、**「目標設定面談」**を行います。この主旨は、目標設定の内容の確認と、目標へのやる気の喚起です。そして、その目標が経営計画や、期の方針と合致しているか、目標の縦の連鎖が行われているかを確認し、もしできていない場合は、修正などの手続きを行います。

期中　期中面談

次に、期中では、目標達成のリマインド、これまでの活動を確認し、目標に向けての「障害」や、現状に起こっている課題について、話し合いを行います。上司に対しての、具体的な支援体制についてのリクエストも聞いておきます。

期末　期末面談

そして、期末には、業績の評価を、達成できたこと、実行したこと、達成できなかったこと、やらなかったこと等について、事実に基づき棚卸を行い、達成した要因と、改善すべき課題を明確にしていきます。そして、部下からの自己評価をもとに、評価面談を実施し、実施内容の確認、部下自身の想いをじっくりと聴いておきます。最後に、評価するポイントについて、共有しておきます。

評価のフィードバック　フィードバック面談

評価のプロセスにのっとって進めていきますので、これが終了したら、評価結果をもとに部下の育成の方針を立てておきます。それを来期の目標設定に反映させていきます。期首が始まると同時に、評価結果が決定するケースには、「フィードバック面談」を実施します。最終決定した評価を、部下やメンバーの成長の視点から、どんな課題があるのか、今期のどんなところにそれが顕著にあらわれていたかなどを明確にし、評価結果と育成ポイントを、部下への期待とともに、相手の動機づけを促すように、面談を組み立てていきます。

図表4　面談のそれぞれのフェーズとその目的

期首

面談の大きな目的・前提

相互の信頼関係を築き、目標、計画、行動について共有し、理解し合い、助け合うために、相互の納得度を高める。さらに、常に被面談者の成長を視野に入れ、やる気を引き出し、高める。

↓

目標設定面談の目的

目標の状態を共有化し、実践に向けての行動計画の明確化と納得度を高める。そのためのやる気を引き出す。

期中

部下から話を聴き、この目標が達成された時の状態「あるべき姿」を具体的に描く。
そこに至るまでの道のり「どのように」「いつ」「どんなふうに」「誰と」「どの場面で」＝プロセスについて共有化する。
「認め」、「支援するスタンス」で部下のやる気が出る関わりをもつ。
ポイントとなることはメモするように促し、その場で反映させる。

↓

期中面談の目的

目標に向けての現在までの行動や実績の振り返りを行い、目標達成へのやる気の喚起と、達成に向けての計画の再確認を行う。さらに現状確認をすることで、起こっている問題点の把握や解決に対する相談、障害等の明確化を行い、支援体制を強化する。

期末

↓

期末面談の目的

今期の成果を振り返る。そのプロセスで変化と成長を実感する機会。期首に決めた具体策の効果を、事実に基づき確認する。また評価に対する考え方の方向性のすり合わせを行う。

期首

↓

評価・フィードバック面談の目的

今期の評価の結果を伝える。評価結果の納得度を上げること。評価は、その人の来期への期待に基づいて、被評価者の「成長」「次のステップ」のための時間にする。

3　うまくいく面談の各フェーズのポイント

ではここからは、各面談における、効果的なポイントについてお伝えしていきます。

【目標設定面談のねらい】
未来へのイメージを作り、行動の理由づけ＝動機づけ
～目標の状態を共有化し、実践に向けての行動計画の明確化と納得度を高め、やる気を引き出す～

面談で一番大切な目標設定面談

目標設定面談は、すべての面談のキモです。目標を達成するプロセスで一番重要です。何事も最初が肝心です。目標そのものに至るまでの対話をいかに充実させるかがポイントです。ここで、信頼関係を築き、相手の中にある答えを見つけ出そうとする意欲が見えるまで、タップリと話し合います。そして、サポートするための全体像がはっきりします。

目標を達成した時のことをイメージできるか？

目標設定で大切なことは、**「目標を達成した時の状態を具体的に描ききる」**ことです。

スポーツのゴールイメージを作る時と同じように、目標設定時に自分自身が勝つ時のイメージを、よりリアルに描きます。加えて、その試合をする意味を深く問いかけます。

例えば、１００M走の選手は、１００M先のゴールテープを切った時の状況を細かく描写します。テープを切った時の自分の気持ちや、体で何を感じているか、周りはどんなふうに声援をしてくれているか、など具体的にイメージを作りこみます。達成した瞬間をリアルにイメージすることで、自分のなかで、できる可能性を感じるのです。

道のりは厳しいけれども、ゴールをするときのイメージができていれば、苦労をする価値を本人が受け入れることができるのです。

ある経営コンサルタントの講演で、部下に仕事を任せられない管理職へとてもいい言葉を言っておられました。

「部下に、苦労し甲斐のある仕事を与えて下さい。高杉晋作の言葉を教訓にして下さい。『苦労するのは、いといはせぬが、苦労しがいのあるように』」

このお話から、目標設定の大事なポイントが見えてきます。それは第一章でもお伝えした「目標の意味づけ」です。

自発性を引き出すには、「この目標をやることは、自分にどんな意味があるのか？」という問いかけをすることが重要です。自分なりの意味づけをすることにより、「苦労しがい」を自分で発見するきっかけになるのです。ゴールイメージを詳細に描くことのメリットは、他にもあります。ゴールをイメージすることで、そこに達成するために必要な、さまざまな状況を考えます。それによって、目標達成に必要な条件や状況、資源などが浮かびます。今まで思っていたのと違う選択肢が見えてくるのです。

目標の状態を具体的に描くためのポイントとなる質問は次の通りです。

「どうなれば達成したと言えるのか？」【ゴールイメージ】
「達成したと他の人からわかるには、どうなっているとよいですか？」【インジケータ】
そして、忘れてはいけないパワフルクエスチョン。
「その目標は、あなたにとってどんな意義を持っていますか？」【動機づけ】

部下自身が、自分にとっての意味は何かということをとらえることで、目標への意識が高まっていきます。

column1

達成感という動機づけ

たとえば、恋人に対して、何かをしてあげたいと思う時は、どんな時でしょうか。

人が行動を起こすには、必ず理由があります。自分が行動するための理由＝「動機」が必要になる。動機づけ理論で有名な、ハーツバークです。

皆さんは倍のお給料だったら、今の倍働きますか？　3倍だとどうでしょうか。10倍だといかがですか。おそらく、数カ月は続かないかもしれませんね。

ではもうひとつ質問です。お給料が10倍に加えて、「取締役」と言う肩書きがつき、そして大きな取引先とビックなプロジェクトの運営をやり遂げることができて、全社の集まった社員の前で表彰されたとしましょう。皆さんはどう感じられますか？

おそらく、後者を加えた時の方が、やる気が湧いたのではないでしょうか？

そうです。給料をあげるなど、何かしらの対策を打っても「不満」は解消されても、「満足」いく状態にはなりません。ただ単に「不満」が解消されて、「不満ではない状態」が作られるだけなのです。先ほどの事例の「昇進」や「達成できるであろう大きなプロジェクト」など「**達成感**」という、「満足のいく」状態に近づくのです。

「満足のいく状態」とは、自分にとってこの仕事は達成することで、こんな良いことがあるのかもと思える瞬間を強く意識する時のこと。

やる気になるには、**動機づけ＝満足**を得られることが重要なのです。

5W1Hで目標を共通認識にまで高める

加えて、5W1Hを押さえて語られているかどうかも大切です。たとえば、達成した状態を聞いているのに、「いつ」が抜け落ち、「成果を出す期限」が全く見えないようでは、ゴールとは言えません。

さらには、お互いが客観的で具体的なものを軸にして、支援者と実行者という違う立場を超え、対話を重ねることにより、目標をすり合わせます。結果として、お互いの「共通認識」を深めていけるのです。

自発性は方向性がわかって初めて花開く

「どこに向かおうとしているのか?」「どこに行けばいいと思っているのか?」を、上司は、部下へ具体的に自部門の方向性を明らかにして、伝えておく必要があります。部下に、方向性が十分に伝わっていれば、彼らが自分で考え、動くときの指針となるのです。

もし忘れたとしても、上司であるあなたに聞くことができる関係性があれば、すぐに確認することができます。

部下の自発性が発揮されていない時には、部門の方向性が、充分に伝わっているかどうか確認しましょう。

【期中面談のねらい】

リマインダーと障害の克服が最大のポイント！

～目標に向けて現在までの行動の継続のため、実績の振り返りを行い、目標達成へのやる気と行動の喚起と、達成に向けての計画の再確認を行う。さらに現状確認をすることで、起こっている問題点の把握や解決に対する相談、障害等の明確化を行い、支援体制を強化する～

人間は忘れる動物である。目標を思い出す機会を作ろう

目標を設定しても、そのまま放ってしまえば、絵に描いた餅です。期中面談には、目標を思い出させる「リマインダー機能」があります。エビングハウスの忘却曲線では、人間の短期記憶は、一日で26％しか頭に残らず、ほぼ一ヶ月後には21％の記憶になってしまうというデータがあります。**目標を持っているだけで、**実のところ、目標そのものは忘れ

ているに等しいのかもしれません。ましてや、多忙な人であればなおさらです。目の前の仕事ばかりをこなし、その仕事が、何と連携しているのか、何につながるのかが見えなくなってしまうのです。目標をリマインドさせるように、定期的に面談を実施しましょう。

さらに、期中面談で重要なことは、目標達成への道のりで途中で出てくる障害を見つけ出し、それに対処をしていくことです。良い目標を立て、計画を作ったとしても、最初から完璧なものを作ることはできません。行動していけば、予期せぬことが起こるものです。行動することで見えてくる障害を発見し、対処する。これが、期中面談の最大の役割です。これをタイミングよく行うことで、より一層効果が上がります。

それぞれの会社によって、期中面談の頻度と期間は様々です。私は、最低でも1カ月に一度は実施してほしいとお伝えしています。

人事制度の運用マニュアルなどでは、ほとんど期の半分のところで行うようになっていると思います。目標達成を促進するなら週に1回から月に2回、30分程度の面談で、リマインド効果以上に、目標につながる行動を引き出していくリズムを作ることも可能です。

注意していただきたいのは、くれぐれも面談を実施するのが目的ではありません。面談は、経営目標の達成と、人の育成のプロセスの一つだったということを思い出して下さい。

面談そのものが目的となってしまわないように

期中面談に関して、ある会社の管理職向けの面談研修で、受講生の皆さんとのやり取りの中で、興味深いやり取りがありました。受講生から「期中面談の頻度はどのぐらいがいいのでしょうか」という質問があり、「どのぐらいが妥当だと思いますか？」と逆に伺うと「月1回という話ですが、間が長すぎませんか？　目標については最低でも週1回程度は話す機会を持たないと、数字に対する状況が分からないと、反対に不安でしょうがないんです」とおっしゃっていました。また、別の管理者の方からは、「部下に、仕事を任せているので、こちらから面談で口をはさむように思われると、かえって良くないと思うので、決まりに則って進めていく方がいいと思います」というお話も出てきました。さて、どちらが正しいのでしょうか。

私は、どちらも正しいと思います。その業種や、その仕事の内容にもよります。

大切なのは、目標が仕事と連携されていることです。そうすれば、必ず報告や相談があり、日々、現状確認、ならびに進捗管理ができているはずです。「面談、面談」と、目くじらを立てて追いかける必要はなくなります。

ただ、そこで更に、日々の仕事のやり取りだけではなく、面談というまとまった時間を設けることで、目標に向けての俯瞰した話ができ、部下の今置かれている状況や、スキルアップの状況、詳細なる作戦やその後の展望などの話もできるので、効果的に活用して下さい。

そうすることで、部下との信頼関係をさらに深めていく、貴重な時間となることでしょう。

期中面談を充実させることは、目標達成を確実なものにする、組織の基盤づくりにもなるのです。

【期末面談のねらい】
振り返りをすることで、事実を軸に成果と変化を確認する。
～今期の成果を振り返る。そのプロセスで変化と成長を実感する機会。期首に決めた具体策の効果を、事実に基づき確認する。また評価に対する考え方の方向性のすり合わせを行う～

これまでの取り組みを振り返る時間です。部下の成長を確認する大切な面談です。

期末面談のポイントは、今まで何をやってきたのかを、詳細に、微細に振り返ることです。その中に、今後の変化を起こす資源がたくさん埋まっています。期中面談は実施してきたものの、日々の仕事に追われてきた部下にとって、振り返りは、仕事を俯かんして見るためのよい機会でもあります。

まずは目標の達成度合いを振り返る

期首に立てた目標について、①達成できたものは何か？　②達成できていないものは何か？　そして、もうひとつ、③目標以外で達成できたことを部下も、もちろん上司も自分の視点で事前に振り返っておきます。

それぞれ①②③について十分に聴きます。

事実を棚卸し、確認することから始めよう

期末面談での部下との対話のポイントは、目標達成に向けて効果的であった**行動の事実を引き出す**ことです。事実とは**「書面」「書類」「帳票」「メール」**など、仕事のプロセスが分かるようなものです。評価のプロセスでは、**「実際にやったこと（プロセス）」「結果としてできたこと（成果）」**について取り扱いますので、話だけでは明確にするのは難

しいのです。

事実を聴きとるときに、気をつけておきたいのは、**「曖昧言葉」**です。数年前のビジネス誌に、「会議で厳禁とされる言葉」が5つあると書かれていました。

「だいたい」

「ほぼ」

「ほとんど」

「多分」

「～だと思います」

他にも「結構」、「たくさん」、「かなり」、「少々」、「頑張ります」、「検討する」、「しかかり中」、「ある程度まで」、「見えている」、「近日中に」、「概ね」などもあります。

期末面談では、期間内に、何ができて何ができていないか、どんな行動をとったか、どんなやり方を進めてきたのかを、事実をもとに明確にするのがポイントです。

それを確認している最中に、「曖昧言葉」が出てきたら、次にあげる「具体的な事実を引き出すための質問」をしながら、内容を詳細に掘り下げ、事実を振り返るプロセスを実際に踏んでいくようにします。

その際には、重箱の隅をつつく意地悪上司のように思われるのは極力避けたいところです。丁寧に事実を引き出そうと注力するがゆえに、「細かいことを指摘されている」という印象を持たれてしまう可能性もあります。

そんな印象を和らげるために、質問の前に、必ず「認める言葉」＋「枕詞」をセットにして使ってみましょう。

例えば部下が、「この目標については、だいたいできてます。」と発言したとしましょう。今の状態だと「だいたいできていますって、どういうことだ？　どのぐらいできているんだ？」と言いたくなるのは分かります。そこは、ぐっと堪えて、「なるほど、だいたいできているんだね（認める言葉）。もう少し詳しく教えて欲しいけど（枕詞）。「だいたい」ってどれぐらいできているってことかな？」と質問してみるのです。認める言葉を枕詞を上手に活用して、「話し手の気持ち」を十分に受け取った形での質問を返していくと効果的です。対話と質問のレパートリーとして活用できると思います。

いくつか、認める＋質問のパターンをご紹介します。

「●●さん、話の中で気になったことがあったけど、聞いてもいい？　『だいたいできている』というのは、あとどれぐらいで完成すると見込んでいるの？」

「●●さん、『ほぼ終わり』ということで、安心したのですが、実際に、どのぐらいの出来栄えになっているか、具体的なものがあれば見せてほしいんだけど」
「△△さん、おおむね良好のようで、ホッとしました。その中で、うまくいっていることを具体的に挙げてもらえるとありがたいのですがどうですか？」
「〇〇さん、ちょっと細かいかもしれないけれど、聞かせてもらってもいいですか？先の説明で『たぶん大丈夫』と言っていたところについて、そう判断した基準は何か教えてくれませんか？」

あくまで「対話」というスタンスを持ち、事実にフォーカスをしていきましょう。私たちと、部下との捉え方の差やギャップが、明らかになっていきます。

振り返りができたら、評価の判断基準についてすり合わせを行います。到達地点の状態との合致点、ギャップとその理由を確認します。最後に、また具体的に話させることで、自分だけでは思い出せなかった仕事の詳細が明らかになります。部下にとっても大切なことですので、遠慮せずに質問してみましょう。

【フィードバック面談のねらい】

評価を成長の機会と見なし、変化と成長のインジケーターを設定しよう！

～今期の評価の結果を伝える。評価結果の納得度を上げること。評価は、その人へ来期への期待に基づいて、被評価者の「成長」「次のステップ」のための時間にする～

一番負担なのが、フィードバック面談ではないでしょうか。私自身もフィードバックを受けること、すること、両方とも苦痛を感じます。できれば避けたいと思うものです。

第一章でもお伝えしたように、評価制度の目的は、「人の評価」ではなく、「育成」です。フィードバック面談で強く意識してほしいのは、「明確な期待・メッセージ」と「未来の視点」の2点です。

評価結果は必ず伝えなければなりません。しかしその伝える目的を誤ると、関係性にひびが入り、信頼を失い、相手の成長に結びつけることができなくなってしまいます。

フィードバック面談では、部下やメンバーに対する期待や、「この先」の方向性を伝え、評価結果を使って、部下の課題を明確にしていきます。そのことで部下を成長へと導くのです。フィードバック面談の目的は、評価を伝えることではありません。

このことを理解していただいている経営者やマネジャーがどのぐらいいるのでしょう

か。また、評価の本質についての理解をしている部下やメンバーはどのぐらいいるのでしょうか。

「フィードバック」（Feedback）という言葉は、「今起こしていることを、客観的に情報として伝える」という意味です。コーチングにおけるフィードバックは、今のクライアントから感じること、第三者に伝わってくることを、記述的に伝えることだと言われています。そこでは「いい悪い」の判断や評価はしません。

フィードバックのたとえ話として、あるＣＭの話をよくします。それはあるコンサルティング会社のＣＭでした。登場人物は２名。かの有名なタイガーウッズと、そのコーチ。彼はグリーン横の顎の高いバンカーから、見えないピンめがけてショットを打っているというシーンです。コーチはピンを持って立っています。ショットを打ったタイガーの球に対して、

コーチ（以下Ｃ）「ピン手前60インチに止まった」

タイガー（以下Ｔ）「ＯＫ」

ショットを打つ

Ｃ「ピン真後ろ６インチ」

Ｔ「……」次のショットを打つ

C「痛っ。俺に当たった」

T「ソーリー」

そしてまたワンショット。と続く。こんなCMでした。コーチは、ショットの良し悪しやフォームがおしい！　とかは言いません。今ボールがどこに止まったか、それがどういう状態にあるかだけを伝えていました。そして、タイガーはその情報をもとに、自己修正を試みます。これがまさに、フィードバックなのです。

フィードバックでは、あなたの伝え方が一番のポイントです。その人が目標を達成するために必要な情報を、ピンポイントで記述的に伝えています。これが的確であれば、自分自身で目標に向かって行動を修正していけるようになります。

未来の姿につなげる期待の伝達

評価結果は、目の前の部下やメンバーの「現状」でした。もうひとつ、育成と成長を考えた上での、未来への視点を伝えることが重要です。

その前提として、

「我々の組織は何を目指していくのか？」

「我々は社会に対して、どのような使命を担っていくのか？」

「その組織の中での私たちは、どんな使命役割を担っていくのか？」

「その中で、あなたには、どのように組織で活躍して欲しいのか？」

「どのような存在になって欲しいのか？」

という形で、ビジョンや使命から、各部門、そして個人へブレークダウンをしていきます。すでに来期の目標設定の段階に入っています。未来への布石として、経営者、組織をマネジメントする上司は、組織のトップとして、メッセージを考えておく必要があります。


そのメッセージを考えるときの切り口として、「部下の強み」「特徴」「特技」「得意技」など、その人が持っている「才能」に焦点を当てて、考えてみて下さい。

期待は人を成長させる【ピグマリオン効果】を活用しよう

ある実験から、人は興味や期待をかけられると、成長の意欲を持ち、本当にその様になると言われています。

「ピグマリオン効果」をご存知でしょうか？　簡単に言うと、人からかけられる期待によって、成績が上っていくことです。

あなたは管理者として、部下にどのような期待を持っていますか？　またそのために、彼らの特徴や強みをどのぐらい観察していますか？

そのとっかかりとして、部下の強み、特長、才能や資格など、部下そのものについてのデータベースを作ることをお勧めします。

「私の部下には、強みや才能といえるほどのものは何もない」と思われる方には、上司の資格はありません。

私はセミナーでよく経営者やマネジャーにこんな問いかけをします。

誰でもいいので「部下を一人思い浮かべて下さい。その彼の強み、特徴、特技、得意技、その人が持っている才能やプラスの側面について、30個あげて下さい」すると、「部下に強みなんかあるか？　あいつはミスばっかりするし、自分からは動かないし」などという答えを実際によく聞くことがあります。

本当にそうでしょうか？

あなたの部下は、生まれてからこの会社に入るまで、どんな人生を送ってきたのでしょうか？

人は必ず何かしらの才能を持って生まれてきます。その人しか体験できていない、貴重な経験もしてきたでしょう。子供の時、小学校、中学校、高校、はたまた大学時代もあったかと思います。親もいれば家族もいる。ここに至るまでに、その人を取り巻く方々が、その人と関わってきたのです。

私たち上司の醍醐味は、そこにいる人たちの力を発揮する場所をたくさん作ることだと私は思っています。まだ見えていない可能性をどう引き出していくのか、を真剣に考えていってほしいと思います。フィードバック面談は、そんな場づくりのための絶好のチャンスです。

それぞれの面談のポイントはご理解いただけましたでしょうか。図表5に一覧表としてまとめましたので、確認してみて下さい。

図表5　各面談の準備からフォローまで流れとその具体的な注意点

	目標設定面談	期中面談	期末面談	フィードバック面談
B：準備	①自社のビジョン、中長期計画、自部門の使命、目標を明確にしておく ②部内で①を共有する ③個別の目標や数値について伝える ④部下やメンバーに自分で目標を立てるよう指示しておく ⑤部下の強み、弱み、育成のポイントを書き出しておく ⑥面談の大まかなシナリオを作成しておく ⑦面談に適した場所を確保しておく ⑧必要な資料や書類の持参の指示をする	①目標をリマインドする ②目標達成に効果的または必要な情報があれば、整理しておく	①期首に立てた目標の再確認を行う ②これまでの成果となる資料や業績に関する全てのものについての棚卸をする ③改めて、部下の動きについて、関係部署などでも確認しておく ④評価基準についてのすり合わせを上位評価者と行っておく	①期末面談で確認した事実をもとに、評価ポイントを明確にして一時評価を決める ②評価ポイントについて、上位評価者に伝え、評価調整会議等に反映させる ③最終確定の評価が決定したら、根拠理由について納得のいく確認をとっておく ④被面談者についての来期への期待を整理しておく
O：実践	①個別の目標について、達成時の具体的なイメージを描くサポート ②GROWモデルを使った質問の手順に従って、部下の話を丁寧に聴いていく ③達成へのプロセスについてのアイデアを引き出す ④お互いポイントをメモ（ホワイトボード）してずれ・漏れを防ぐ	①現時点での行動についてじっくりと話を聴く ②目標達成について行動レベルでの確認を行う ③目標達成の障害について明確にし、必要であれば対策を講じる	①良き聴き手となり、相手の感情に配慮して聴く ②事実に基づいて話を聴く ③来期への能力開発の視点を探しながら聴く ④査定はその場でしないよう気をつける	①最終評価について評価結果、その理由、今期の活躍部分と不十分なところ両方を伝える ②不満が出てくる場合はしっかりと耳を傾け、相手の感情と考えを受け取る ③部下の成長に向け、来期の期待役割を伝える
A：事後フォロー	時間内で話せなかったことがあれば、次の時間を約束しておく	方向性の変更など環境変化についても注意を払っておく	評価へつなげるために評価に必要な追加の資料があれば入手しておく	目標設定までの期間で、自部門の振り返りを行っておく

4　あなたの面談力をチェックしてみよう！

それぞれの面談のポイントを理解したら、あとは実践あるのみです。しかし、その前に、あなたの面談についての理解度を確認する意味で、「面談力」をチェックしたいと思います。

図表6　あなたの「面談力」を棚卸しよう！　100点満点

4：十分　3：ほぼ十分　2：やや不十分　1：不十分　0：全くできていない

項目			点数
B・準備確認	1	上位評価者の評価基準を把握している	
	2	会社のビジョン・年度目標を十分に理解している	
	3	ビジョンからブレークダウンした部下目標を設定できている	
	4	目標管理（MBO）、人事考課、自社の人事制度などの基本知識は習得している	
	5	被面談者と十分に知りあう努力を、日常的に行っている	
O・実施フェーズ	6	実施する面談の目的を理解し、言葉で伝えられる	
	7	職場目標と部下の目標との関連をよく考えている	
	8	安心して話せる場所を確保できている	
	9	面談に適した距離感で実施できている	
	10	事実と判断を分けて話す努力をしている	
	11	対話しやすい雰囲気を作ることができている	
	12	期ごとに対話のテーマを変える努力を行っている	
	13	部下の話を聴くことに力を注いでいる	
	14	的確な質問ができている	
	15	部下への期待値、強みを伝えている	
	16	部下が納得して、実行に移そうという気持ちになっている	
	17	フォローの仕組みについても話し合われている	
	18	期中に面談を適宜実施している	
	19	進捗に合った関わりができている（リソースの提供、障害の明確化）	
	20	印象で評価せず、事実に基づいて評価している	
	21	評価のフィードバックは適切に行われている	
	22	評価への不満についても、相手の言い分を十分聴き、対応できている	
	23	評価へのフィードバックにおいて、育成ポイントに重きをおいて話し合っている	
A・フォロー	24	部下に評価基準を学ぶ機会を与えている	
	25	他の管理者の評価基準を把握している	
合　計			

0点～25点	面談初心者	面談についての知識、経験は浅く初心者のレベルです。まずは、自分自身が必要となる知識の入手を心がけ、経験をたくさん積みましょう。
26点～50点	面談初級者	面談について、知識や経験が少しはあるが、なかなか使いこなせていない初級者レベル。得意なところはどこか、そこを明確にして、準備をしっかりと行い、経験を積んで下さい。
51点～75点	面談中級者	面談の経験も積まれてきている中級者レベルです。自分が強化したいところに焦点を当て、準備と実践を心がけて下さい。
76点～100点	面談上級者	面談については申し分ありません。より難しい課題についての取り組みを経て、マスターとしてモデルとなるように励んでいきましょう。

いかがでしたでしたか？　チェックリストをやってみて、うまくいっているところと、上手くいっていないところが明確になったかと思います。よりよい状態を作るために、「どこを伸ばせばいいのか」を、このチェックリストをもとに考えていただければと思います。

次からは、具体的な内容について、お伝えしていきたいと思います。

第4章

第2ステップ【実践編】

面談の中で必要な、人と関わるための3つの極意

ここまでは、面談の流れとポイントについてお伝えしてきました。流れが理解できたら、次はスキルを使って実践です。人と関わるための3つの極意を、順を追って説明していきます。

1　第1の極意〝観察力〟

ここでは、面談を実施する上で、必要なスキルとして、「観察力」を理解していただこうと思います。

相手の言葉と姿勢を観察する

観察力といっても、面談中に何を観察するとよいのでしょうか？

人のコミュニケーションには、2種類あると言われています。言語を使うバーバルコミュニケーションと、言語ではないノンバーバルコミュニケーションです。私たち人間は、常に、この2つを使って、お互いの意思の疎通を図っています。

コミュニケーションは、言葉のやり取り以外が大きく占めていると言われています。

メラビアンの法則をご存知ですか？

話の内容【7】％、耳から入る情報【38】％、目から入る情報【55】％

このように言われています。言葉で表わされている以外の93％で、コミュニケーションは成立しているのです。

分かりやすい事例をご紹介します。ある時部下に仕事を依頼したとしましょう。その時に部下は「わかりました！」と大きな声で言い、上司のあなたは、「お願いするよ。頑張ってくれ！」と言葉を交わして終了します。ここまでは通常のやり取りです。

もうひとつの側面である「非言語」から観察すると、その時の部下の態度は、うなだれ、ため息をついて席に戻っていったとしましょう。

この例でいえば、「バーバル」は、「わかりました！」と言う部下のセリフの部分ですね。次に「ノンバーバル」はというと、大きな声で言ったあと、うなだれ、ため息といった言葉以外のことをさします。

皆さんはこの事例を読んで、その部下の方がどんな状況にあるのか、イメージできたのではないでしょうか？　おそらく、部下は何かしら心配事を抱えているようにも思えます。気になるので、一度話をしてみる必要があると思います。

ちぐはぐな点に着目しよう

先の部下のようなケースで起こることを「ダブルメッセージ」と言います。言葉と表情や態度とが、ちぐはぐなメッセージを出している場合のことです。上司である皆さんは、こうした部下から発信されている小さな情報をこまめにキャッチしておく必要があります。

注意したいのは、「解釈をしないこと」です。

よくあるのは、「うなだれているから、俺の仕事の振り方が悪かったんだ！」と勝手に思いこんであわててしまうケースです。うなだれている理由の一つが、たしかにあなたの指示の仕方で、そうなっている可能性はあるでしょう。でも、本当にそうだ、とは言い切れません。相手の発信している情報を受け取ったら、自分勝手に解釈せず、そこから部下の状態をさらに良く観察したり、直接話を聞いたりすればよいのです。ようは皆さんのマネジメント行動のきっかけの一つととらえていただければと思います。

コミュニケーションは、「言語」と「非言語」この2つから成り立っていることを理解する。そして、ダブルメッセージに着目し、重要なことは、より彼らを知ろうとする好奇心、関心を持って見ることが大切なのです。

部下についてのデータベースを作る

観察は他にも様々な切り口があります。図表7のように非言語をよく観察し、日頃から部下の持ち物、服装、髪型から、物事へ向かう姿勢や、学習態度など、彼らの行動の背景にあるものをよく理解し、部下とのやり取りについてのヒントを得ていただきたいと思っています。

私が管理職研修の際に、「部下のフルネームをかけますか?」と伺うと、半分以上の人が書けないと言います。また誕生日を知っている人と聞くと、その半分にも満たないのです。

私も、コーチとして、常時10名前後のクライアントを支援しています。契約期間

図表7　「非言語」の観察ポイント

項　目	状態や観察結果
動作	体の動き。上下左右、腕組、足組、貧乏ゆすり、ペンをいじるなど
姿勢	頭の位置や体の傾き。そりかえる、腰が引ける、斜に構える
身振り手振り	頷き、同意のときに手を振る、手をたたく、その人独特のアクション　など
視線	目の動き。目が泳ぐ、上目づかい、直視する、流し眼、視線を落とす、目配り　など
顔の表情	笑顔や泣き顔、口角の位置、眉の位置や眉間のしわ、ポーカーフェイス　など
声の調子	大小、高低、早い遅い、滑舌の良しあし、声のうわずりなど
空間	集団のときの居場所、
距離や位置	お互いの距離感、前後左右、
生理的表出	顔色や汗などの生理的な反応。赤らむ、唇の色、血管が浮く、震える　など
呼吸	呼吸が深い／ゆっくり　など
その他	服装、化粧、髪型、アクセサリー、香水（香り）、色彩、持ち物など

にかかわらず、クライアントのデータベースをリスト化しています。コーチも人間です。長く関わってくると、クライアントの才能や強みを疎かにしてしまう時もあります。改めて、書いてあるものを見直したり、再度書くことで気づきが生まれ、クライアントの新たな面が見えてくる時もあるのです。

コーチは、クライアントの成功をサポートをします。クライアントをやる気にさせていくために、様々な工夫をしています。

経営者も上司も、部下のコーチであって欲しいと思います。彼らの才能を開花させ、活躍できるよう、期待を伝え、彼らが成長することで、会社の発展につなげていってほしいと思います。

2　第2の極意〝コーチング力〟

面談を成功させるには、対話の技術として「コーチング力」を身につけることがポイントです。コーチング力を高めるための4つの力を、わかりやすくお伝えしていきます。

【第1の力】聴く力

■面談では、まずは聴く「姿勢」を持つ

マネジャーの方々から、「面談しても、部下が全く話をしてくれなくて困るんです」、と言われることが多々あります。部下に、面談の場面で質問をしても、曖昧な言葉で返され、意欲を喪失してしまう方が多いようです。「質問」を投げかけても、相手がもっと黙ってしまう。さらに口を開かせようと躍起になる、といった悪循環に陥りがちです。まさしく、北風と太陽の逸話のようです。強く押せば、相手は力を入れて、抵抗します。

私が面談の研修を行う時に、必ず実施することがあります。話しを聴く態度によって、相手の気持ちと行動にどのような影響を与えるかを、体験してもらうのがその目的です。

まずは、みなさんがこれまで、「話を聴いてもらってよかったと思う時」と、「損をし

たと思う時」を思い出して下さい。その時の聞き手はどんな言葉や態度でしたか？下の表に書き出してみて下さい。

どんなものが出てきましたか？　よく研修で出てくる内容を、図表8にまとめてみました。

あなたはどのぐらい書き出せましたか？　では書き出した内容を、実際にやってみたらどうなるでしょうか。まず、ペアになって、「聴いてもらって損したと思う時」から出たものを、聞き手が実際に行動します。話し手の話材は、何でも結構です。大体1分間、その状態を続けます。

結果は、話し手がいくら楽しい話題を提供しても、話が膨らまず、拡散し、まとまらないのです。時間も長く感じられます。

図表8

話を聴いてもらってよかった体験		話を聴いてもらって損した体験	
言葉	態度	言葉	態度

次に、「聴いてもらってよかった体験」から出たものを、やってもらいます。

先ほどとは反対に、話が膨らみ、わかりやすくなり、もっと話したいと意欲が湧いてきます。話題が深まり、時間も相当短く感じられるでしょう。

この2つの体験を通じて、いくら話を聞いているよと言っても、話し手に「聞いている」ことが伝わらないと、聞いてもらったという実感がわかないということです。相手に伝わる「態度」＝聴く姿勢が、大切なのです。部下が話をしてくれないのであれば、まずは「聴く姿勢」を作ることが一番大切なことです。

図表9

話を聴いてもらってよかった体験		話を聴いてもらって損した体験	
言葉	態度	言葉	態度
いいね！	うなづく	なんで？	腕組み
なるほど！	相槌	何も言わない	足を組む
そうなんだ～	笑顔	え？	何かしながら聴く
何？何？	目を見る	結論から言って	目を見ない
それは楽しそう！	自分に体を向ける	わかってるよ。	時計を見る
面白いね！	目線を合わせる	だから？	ため息をつく
イケるね！	メモをとる	はぁ？	顎を上げる
もっと聴かせて！	前のめりな姿勢	もう一度言って	ふんぞり返る
オウムがえし	同じ方向を見る	もうわかった	下を向く
いい話だね！	身振り手振り	前にも聴いた	貧乏ゆすり

・アクティブリスニングの大切さ

アクティブリスニングとは、相手への興味と関心、共感を持って聴くことです。そして、相手に聴いているとわかるように聴くことです。「相手は何を考えているのだろうか？」「何を求めているのだろうか？」、相手全体を受け止め、興味と共感とともに聴ききることです。そして、肯き、相づちを打ち、聴いていると、話し手は安心感を持つことができ、自分が何をやりたいと思っていたのかについて、自分を偽ることなく表現できるようになります。自分の中にある答えや考えを、ダイレクトに話すことができるようになるのです。本音に近いことも話し始めることもできるようになります。

話を聴く姿勢が、自発性を引き出すのです。

【第2の力】認める力

・自発的に動くガソリンのようなもの

人間は、他人に認められたい生き物です。認められたいが故に、頑張って偉業を成し遂げてしまう場合もあります。

私が駆け出しのコーチの頃、自分の強みが何なのか、よくわかっていませんでした。あるクライアントから言われた一言は、私にとって、行動を引き出すものでした。

「小林コーチは聴く力は素晴らしいと私は思いますよ！　だからコーチをお願いしているんですよ」と言って下さいました。コーチとして駆け出しの頃だったので、とてもうれしかったのを鮮明に覚えています。それを機会に、「聴く」ことをしっかり学ぼうと思い、カウンセリングの勉強をしに行くまでになりました。その一言は、私を動機づける一言でした。また、自分で思ってもみなかったことを言って下さったことで、新しい自分の魅力に気づくことができました。

認めるとは、このように「相手から感じるプラスの側面を、口に出して伝える」ことです。認められたいと、誰しもが思っています。それが、強みに基づいた期待という形をとってお伝えすることによって、より一層、相手の未来の可能性が広がるのです。しかし、多くの管理職の方は「部下を褒めてやりたいけど、褒めるところが出てきません」と口を揃えておっしゃいます。そんな方にこれから新しい切り口をお伝えします。

・3つの「認める」　最初は相手の「存在」を認めよう

「認める」には、3つの種類があります。「褒める」ことができる結果を出すまでに必要なのが、この「認める」という行為です。まず1つ目は、**「存在承認」**です。その人そのもの、存在を認めるというものです。

部下を見ても、褒められないという経営者やマネジメント層のみなさんは、この存在承認が苦手な方が多いようです。今ここで起こっていることに焦点を当てて、特に力を入れる必要はなく、目に留まることを、そのまま伝えればよいのです。名前を呼ぶことや、目を合わせるなど、小さいことから、相手の特長や強みを伝えたり、会社にいてくれることへの感謝の気持ちを伝えることもできるでしょう。加えて、仕事を依頼するなど、その人がいてこそできることは、すべて存在承認にあたります。人を動機づける基礎です。小さいことから実践してみて下さい。

・経過承認で、仕事の幅や深さを認める

次に、**「経過承認」**です。仕事や物事の「プロセス」に焦点を当てて伝えることです。例えば、「おお、勉強やっているね！」「いつも気遣いありがとう」など、小さいことでも見つけ出し、その結果が出ていなくても、途中経過を理解し、伝えていくことです。経過承認を意識することで、今まで見えていなかった目標に向けての「経過やプロセス」にも目が行くようになり、部下との対話の時間が増える結果となった人も多くあります。

・結果承認は、その場で

3つ目は、**結果承認**です。みなさんのご存じ「褒める」行為と同じものです。「今季目標達成！　おめでとう！　すごいね！」など、出てきた成果や結果をそのまま伝えましょう。

ある新人営業マンが、初めて受注できた時、上司に報告を入れました。留守電になったので、伝言を残して仕事に戻りました。しばらくして、上司から電話が入り、開口一番「おめでとう‼　やったな、これで一人前だネ‼　本当によくやった。俺もうれしいよ‼」と言ったそうです。

認めるには、タイミングも大事です。結果を聞いたら「その時に」行動に移しましょう。「認める」ことは、最後の結果承認だけではなく、それ以外に目を向ければ、まだまだたくさんあるのです。

・認める公式

認める力を向上させるために、「認める公式」に当てはめて考えてみてはいかがでしょうか。

「見る（観察）」＋「止める（気づく）」＋「口に出して伝える」＝認める

・口に出さなきゃ伝わらない!!

ここで一番大事なのは、**口に出して伝える**ことです。「聴く」態度と同じで、相手にわかるように伝わらなければ、なかったと同じ事なのです。必ず「口に出して」「相手に直接」が原則です。

・ストロークの概念を理解して、効果的に使いこなそう

この「認める」のメカニズムは、交流分析の概念である「ストローク」を理解するともっと効果的に活用できるでしょう。ストロークとは本来は「なでる」「さする」という意味で、ここでは「相手の存在を認める働きかけ」のことです。

面談では、上司が部下を認め、強みなどを言葉にして伝える事で、部下のやる気を引き出していくのです。

「自分はもう少し出来るのでは?」「もっとやれそうだ!」という気持ちは、プラスのエネルギーが心を満たしているから、行動への原動力につながります。ストロークの概念を理解し、実践することで、行動しやすい土壌をつくりましょう。日々行うことで、組織の中でのコミュニケーションが「前向き」な言葉や発言に変わっていくことでしょう。

このストローク＝「認める」をうまく仕組みとして導入して、成果を上げている会社が

あります。

とある会社では、「グッジョブカード」という制度がありました。社員全員お互い、自分以外の行動、発言で「いい仕事だな」「すごいな」「グッジョブだな！」と感じたことを所定の用紙に書き込み、投票箱にいれます。毎月集計を行い、一番多くもらった人をMVPとして表彰し、年度の方針発表会では、総合MVPを決めるということをやっていました。自然と他者の良いところに目が向き、更に活気が出て、業績も同業他社が厳しい中、いい成績を残しています。

・肯定的な言葉は、人の気持ちを軽くする

①人の強みより、欠点に目がいく
②人がうまくいっているのを見ると素直に喜べない
③うまくいかないこと、面白くないことばかり気になる
④なぜ？　どうして？　と自然と出てしまう
⑤職場では笑い声はご法度だ

この5つの問いに3つ以上、ハイと答えた方は、場の雰囲気を暗くしているかもしれ

ません。うまくいっている組織は、必ず明るいエネルギーにあふれていて、常に肯定的な言葉を使っています。周りに対しても「なぜうまくいかないのか?」と問いかけるよりも、「どうしたらうまくいくと思う?」と問いかける方が、建設的な考え方が出てきます。

面談は、対話の場です。「認める」ことで、気楽な雰囲気を作り出せるのです。

図表10をご覧下さい。職場で活用できそうなものを表にしてみました。挨拶をする、名前を呼ぶ、など簡単なことから、ちょっとずつ実施していくことをお勧めします。それを日常でも実践し、面談の時にもダイレクトに伝えることで、いい雰囲気の中で面談をすることができるようになります。

図表 10 「認める」の種類と具体的行動

心理的ストローク	
存在承認	名を呼ぶ、挨拶する、話しかける、笑顔で接する、話を聴く 目を見て話す、肯く
経過承認	質問する、情報を伝える、任せる、途中経過を報告する
結果承認	結果を伝える、褒める

【第3の力】引き出す力＝質問する

・質問の目的とは?

皆さんの現状を伺います。面談の際に、

①部下が話している時間が圧倒的に長い
②5W1Hの質問を多用している
③答えが出てくるまで待っていられる

この中で全てに○がついた方は、質問の意図を理解して活用できていらっしゃると思います。

質問には、二通りの目的があります。

一つ目は、質問者が知りたい情報を得るためです。もう一つは、相手が、自分で答えを見出すためです。上司のあなたが、答えらしきものを知っていたとしても、部下が自分で考えられるように、質問でその機会とプロセスを与えていきます。ただし、面談では、部下にたくさん話をしてもらう必要があります。あくまで、面談の主役は、「部下」です。

部下が、自らの言葉で自分のことを語る場が面談です。部下が自ら考え、答えを導き出せるような質問を準備しておきましょう。

・オープンクエスチョンを使いこなせ！

面談では、5W1Hの質問、オープンクエスチョンを使うことをお勧めしています。5W1Hとは、WHAT（何が）、WHY（なぜ）、WHEN（いつ）、WHO（誰）、WHERE（どこ）の5つのWと、HOW（どのように）の1つのHです。オープンクエスチョンで、相手の中にある情報をより多く引き出せるようになります。

・質問にも順番がある

面談では、相手の話にただ耳を傾け、思いついた質問を行うだけでは、うまくいきません。質問には手順があり、枠組みを持って進めていきます。そうすることによって、一定レベルのアウトプットが期待できます。面談は「生もの」なので、対話の内容も様々なものが出てくることになります。大きな流れを念頭に置いておくと、面談が迷走することを防いでくれます。

・GROWモデルの活用で流れを作る

ここでは、質問のモデルの一つ、GROW（グロウ）モデルをご紹介します。

GROWとは、

G＝GOAL　ゴールのこと。目標のことで、面談では、面談自体のゴールと、そのテーマのゴールの両方を指します。

R＝REALTY　リアリティ　現状のこと。現状についての理解を深め、様々な角度から確認を行います。

O＝OPTIONS　オプション　選択肢のこと。現状からゴールを目指すために必要で実施できる可能性を秘めた戦略や行動案を数多く出し、実現への可能性を探る場面です。

W＝WILL（WHAT／WHEN／WHO）ウイル　意思決定のことです。何を、いつ、誰がするのかを明確にし、実行するための意思を確認します。

次にGROWモデルを使った対話例をご紹介します。

GROWモデルを使った対話例

コーチ（以下C）：Aさんこんにちは。2週間あっという間でしたね。

クライアントAさん（以下A）：こんにちは。本当に早いですね。今日もよろしくお願いします。

C：そうですね、では始めましょう。

A：よろしくお願いします。

C：この時間でどんなテーマを話したいですか？（GOAL）

A：そうですね、部下との関わり方についてですかね。

C：なるほど。いいですね。他にはいかがですか？

A：気になることはありますが、これぐらいですね。

C：では、部下との関わりについて、今日この時間で何が分かると満足でしょうか？

A：そうですね。特定の部下に対して、何をしていけばいいか、ヒントが見つかればいいですね。

C：ヒントが見つかる、ですね。いいですね！　ではヒントが見つかるというのは、何が起こっているとできたと言えるのでしょうか？

A：そうですね。何をやればいいのかという行動が見えたらそれがヒントになりそうです。

C：〝行動が見えたら〟ですね。了解しました。では今Aさんが思っていることを少し話して下さい。（REALTY）

A：あ、はい。Bという部下がいるんですが、売り上げが上がらなくて、どうしたらいいか。ですね。よく動いているようなんですが、ちょくちょくミスが出て、せっかくいい関係ができているなと思ったお客様とも、なかなか継続しないのが現状です。

C：部下Bさんが売上が上がらなくて悩んでいて、ミスが出て継続しない。それをどうしたらいいのか？　なるほど、一つ質問してもいいでしょうか？　このBさんとの関わりについて、Aさん自身、どうなったらよいと思っていますか？（GOAL）

A：はい。私から見たら、もっとこうしたらいいと思うことはたくさんあるのですが、こっちから指示したとしても、それは違う感じがしていて、彼が自分で考えて、気づいて動いてもらうようにするにはどうしたらいいのかをいつも考えているんです。

C：なるほど。他には？

A：わからないことがあったら、すぐに相談してくれたらいいと思うんですよね。今は、聞いても「大丈夫です」というし、ミスが発覚した時にやっと「すみませんでした」という形になるんです。そうなると、だいたい尻ぬぐいは僕の仕事ですから、後は指示をしっかりして、収拾をつけていくようにしています。ミスを起こす前に、相談してくれたら、それの方がありがたいのに、相談してこないのです。それぐらいは、自分で気づいてほしいと思うんです。

C：なるほど。B君が自分で動けるようになるための関わりができたらいい。事前に相談もしてもらえるようになりたい。そういうことですか？

A：そうですね。どうすればいいんでしょうか？

C：Aさん自身はどうすればいいか考えているけれども、どうしていいのかわからないという状況ですね。では、もう一つ質問してもいいですか？

A：はい。お願いします。

C：2つ出てきたと思うのですが、まずはBさんが自分で動けるような関わりができていること、そして、事前に相談をしてもらえるようになる。それを100点満点の状態だとすると、今それは何点ぐらいになりますか？（Reality）

A：そうですね。1つ目は、全くできていないというかわからないので0点ですね。事前に相談してもらえるようになるというのは、ないわけではないので30点ぐらいでしょうか？

C：なるほど。では2つ目の30点に関して、何が30点と思えるようにしているのか、教えて下さい。

A：はい、ミスが起こった時には相談にきます。あとは、聞いても仕方がないぐらい簡単なことは、相談しにくるというか、報告をしにきますね。これはどちらかというと「確認」の意味合いが強いと思います。報告という形では、いい情報はよくしてきてくれます。なるほど、相談することと報告することと、なんか違うような気がしてきました。相談は、ミスが起こったらするもの？　で、報告はいいことを言う。B君はそんな風に思っているかもしれません。それ以外がないのかも、そう思っているのかもしれませんね。
C：なるほど、新しい気づきですね。〝それ以外〟というのはどういうことですか？
A：〝それ以外〟というのは、ミスが起こる前に「相談」するとか、ミスの前に、よくない情報を「報告」するとかでしょうか？
C：なるほど。今まで話してみて、気づいたこと、わかったことなど整理するとどうなりますか？
A：相手から何か関わりがあるときは、いい時しかない。悪いことに関しては、起こってからの話だということ。うまくいったことについてもあまり話を聞いたことがないってことも気づきました。
C：なるほどこの短い時間で、Bさんとの関わりについて振り返り、気づきが出てきているのはスピード早いですね。流石です。では、これから、どうしていくと変化を与えていけると思いますか？
A：そうですね…。（以下略）
そのやり方について、思いつくだけ考えてみましょう。（Ｏｐｔｉｏｎｓ）
C：なるほど。その中で、何から手をつけたらいいと思いますか？
A：そうですね～（以下略）
C：ありがとうございました。では最後に、このことに取り組むことは、Aさんにとってどんな意味があるのでしょうか？（ＷＩＬＬ）
A：意味ですか？　そうですね、Bさんのこの件を通して、自分の他の人との関わりも振り返ることができること、そして実はそれが組織で、みんなで成果を出すために、必要なことなのかもしれない。そんな風に思いますね。

C：そうですか！　いいですね。ではお疲れ様でした。最初にお話していた「ヒントを得る」ということについてはどのぐらいできたと思いますか？

A：行動が見えたので、大丈夫です。ありがとうございました。

C：では次回、進捗を聞かせて下さい。楽しみにしています。

いかがでしょうか？

決して、この手順通りの展開になるかどうかわかりません。

私の経験から、このGROWを質問のツールとして活用することで、相手が今何を話しているのか？　ということに集中できます。そして、相手の話を整理することにも役立ちます。

しかし、この質問を活用する時には、相手から自分の思うような答えが出てこない時もあるのだと理解しておいて下さい。

質問の手順のイメージはできましたか？　図表11～14に、各面談のフェーズにおけるGROWモデルをまとめましたので、参考にして下さい。

図表 11　目標設定面談におけるＧＲＯＷモデルと質問のポイント

①目標化した部下自身の背景を聴くことで、自分の作った意図を明確にさせます。主体性を持たせる工夫をしましょう。
②目標達成した状態を具体的に描くための質問に時間を割きます。
③目標についての意味づけを行う質問を忘れないようにしましょう。

項目				状況と質問例
T	T－UP	テーマ設定	テーマの確認、取り扱う領域、かかわり方の確認をし、シャープで価値ある時間を創造する	リラックスできる環境を作り、時間を持ってくれたことへの感謝を伝える。 面談の目的は目標設定面談で、所要時間は1時間を目安に、流れは…
G	Goal	目標の明確化	今期やってみたいと思っている目標について達成した時の状態を聴く	今期の取り組みたいことは何ですか？ 期末にどういう状態になっているとよいですか？具体的には？ どうなっていると達成できたといえますか？ できた時に、今と何が違いますか？ どのように変化しますか？ 職場や関係者にどんな影響がありますか？ あなたのどんな所が成長しますか？
R	Reality	現実把握	現状の情報について、どのぐらいの所からの出発なのかを知り、達成への道のりの現地点を明確にし、本当の問題や課題を明確にする	部門目標への貢献度はどのぐらいか？ 期末の状態を100としたら、今は何点ですか？ これをやることで何が一番改善できそうですか？ これを目標にしたのはどんな理由からですか？ 現状の問題点は何ですか？ 何を変えるとよくなると思いますか？
	Resource	資源の発見	目標達成に使えるもの、人、もの、金、情報、時間など可能性と成長を引き出す	達成するために使えるリソースを具体的に挙げてみて下さい。 社内に協力してくれる人は誰ですか？ どんなスキルが必要ですか？ 必要な資源が社外にあるとしたらそれは何ですか？
O	Options	選択肢の創造	無限の可能性を追求ベストの選択肢を選ぶ	どんな方法が考えられますか？ 制限を外すと、何ができますか？ 他に新しいやり方はどんなものがありますか？ その中で一番チャレンジしがいのあるものは？ あなたが成長できるやり方はどんなものですか？
W	What/When/Who/Will	目標達成の意志	計画の策定 やる気の確認 やる気の喚起	何をいつ（いつまでに）まとめますか？ 本当にやりますか？ この目標を達成することは、あなたにとってどんな意味がありますか？ やっていく中での成長を期待している。 長時間ありがとう。一緒にがんばろう。

図表12　期中面談におけるＧＲＯＷモデルと質問のポイント

①目標のリマインドをする質問をします。こちらからこういう目標だったねとは絶対に言いません。
②中盤では、ゴール達成にむけての障害がどのぐらい高いのか？についての質問をしておきましょう。

項目				状況と質問例
T	T－UP	テーマ設定	テーマの確認、取り扱う領域、かかわり方の確認をし、シャープで価値ある時間を創造する	リラックスできる環境を作り、時間を持ってくれたことへの感謝を伝える。 今日の面談の目的は期中の進捗管理面談で、所要時間は３０分程度。今日の流れは大まかには…
G	Goal	目標の明確化	目標とその優先順位を確認する	**目標設定した目標は？そしてその意味は？** その目標の優先順位（重要度順位）について変更ないでしょうか？
R	Reality	現実把握	目標達成の進捗状況	どのぐらい進んでいますか？ゴールを100としたら？ 行動についての満足度はどのぐらいですか？ ここまでやってみてうまくいったことは？ うまくいかなかったことは何ですか？
	Resource	資源の発見	より深く聴き、障害についての明確化と、達成に向けて改めて資源（リソース）を引き出す	うまくいったことで、今後の進め方にいい影響を与えるものは？ うまくいかなかったことで今後に影響しそうなことは何ですか？ **達成の障害になりそうなことは何ですか？** **その障害を乗り越えるために必要なものは何ですか？** そのために活用できるもの（時間／資源など）についてはどう思いますか？
O	Options	選択肢の創造	支援を強化する	どういうサポートが必要ですか？私に支援できることがあるとしたらそれは何ですか？
W	Will	目標達成の意志の再確認	まとめ	この３０分ではっきりしたことや、決まったことは何ですか？ あなたにとって重要と思えることは話せましたか？ 何か話し忘れていることはありますか？ 話が聞けて良かったです。次を楽しみにしていますよ。

図表 13　期末面談のＧＲＯＷモデルと質問のポイント

①期中面談同様、部下のほうから目標設定の内容を語ってもらう。
②評価に直接関わるので、相手からアピールがあることを下地に、事実を引き出すための質問を行うよう心がける。

項目				状況と質問例
T	T－UP	テーマ設定	テーマの確認、取り扱う領域、かかわり方の確認をし、シャープな、価値ある時間を創造する	リラックスできる環境を作り、時間を持ってくれたことへの感謝を伝える。 今日の面談の目的は期末面談で、今日の所要時間は１時間程度。今日の流れは大まかには…… 前期も無事終了し、いい影響を周りに与えてくれたね。感謝しています。
G	Goal	目標の明確化	目標達成度を聴く 出来栄えを聴く	**期首にどういう目標を設定しましたか？その達成度についてあなたの自己評価を聞かせて下さい。達成できたとわかる具体的な事柄は？** 期首に決めたこととの違いはどこですか？
R	Reality	現実把握	目標達成の要因と機会損失の要因を振り返る	その目標を達成することができたのは、どんな活動からですか？ 達成することで、どんな具体的な成果を得られましたか？ 未達成だった要因は何ですか？ 読み違えた理由は何だと思いますか？
	Resource	資源の発見	次期の課題を明確化する	次期に向けて、あなたの課題は何ですか？ 次期に向けて、成長するために何を伸ばしたいですか？ 次期に向けて、良くしていきたいポイントはどこですか？
O	Options	選択肢の創造	支援を明らかにする	次期に向けて、より良い支援をするための提案は何ですか？ 達成までの段階で、どんな支援を強化してほしいですか？ 次期にむけての要望は？
W	Will	意志の確認	まとめ	あなたにとって重要と思えることは話せましたか？ 何か伝え忘れている、話し忘れていることはありますか？ 何か質問することはありますか？ 話が十分聞けて良かった。次期も活躍を楽しみにしていますよ。

図表14　フィードバック面談における対話と質問の手順

①今期の評価結果は記述的に、そして評価されている点と、期待と違った点両方を伝える。
②どう思っているのか？その評価への意見や思いをじっくりと聴きます。
③質問よりもどちらかというとアクティブリスニングに重きを置きます。

項目				状況と会話例（質問例）
T	T-UP	テーマ設定	テーマの確認、取り扱う領域、かかわり方の確認をし、評価結果を伝える	リラックスできる環境を作り話す時間を持ってくれたことへの感謝を伝える。今日の面談の目的は前期の評価結果のフィードバックです。今日の所要時間は30分ほどで今日の流れは大まかには・・・今期の評価最終結果を伝える。
S	Start	評価の具体的内容	実際の評価結果を単刀直入に伝える	今期のよかったところは、具体的にはどんなところかは…です。今期今一歩だったところは、具体的には…なところです。翌期に期待することは・・・・なところです。
L	Listen	相手の思うところをじっくりと聴く	何を考えて、何を感じているのか？事実を聴く。こちらの言い訳を並べることではなく、相手に今思っていることを話してもらう	結果を聞いてどう思いましたか？正直に教えて下さい。どんな所が気になるか？納得度はどのぐらいか？不満なところがあるとしたらそれはどこなのか？その中で、納得のいく部分はどこだったか？
E	Expectation	期待値を伝える	これからの役割期待、行動期待や成長ポイントを端的に正直に伝える	今後もやってくれることを期待することは…伸ばしてくれるともっと良くなると思う点は…強みに基づき担ってほしい役割は…実践するうえで、身につける必要があることは？そのために上司に助けてほしいところは何か？
C	Close	クロージング	やる気の喚起と成長への意欲を引き出す	より一層のチャレンジを期待する。翌期に生かしたいことは何か？これから伸ばしていきたい能力は何か？（数年後どうなりたいのか？）長時間ありがとう。

【第4の力】＝伝える力

「対話」というからには、一方通行のコミュニケーションではなく、双方向にやり取りが行われることが理想です。どちらかが一方的に話しをするのでは、結局は双方の納得感もなくなってしまいます。

最後にお伝えする大事な力は、伝える力です。

その前に、コミュニケーションの基本についてお伝えします。

・コミュニケーションの結果は相手が決める

コミュニケーションは、受け取った相手に残ったものが、結果です。経営者やマネジャーの方は、「何度も言っているのに伝わっていない」とぼやきます。「私が伝えたこと」と、「相手に伝わったこと」とは「違う伝わり方になる」ことを肝に銘じて下さい。コミュニケーションの前提としては、ミスやロスが起こると思って下さい。自分が伝えたいことが、相手にどう伝わったか、双方が確認した上で、建設的な会話を行っていくことが、コミュニケーションなのです。

第4の力、【伝える】時には、フィードバックと、メッセージをの2つを活用します。

・フィードバックを活用して自己認知を高める

ここでは、伝えることで起こるメリットや、より伝わりやすくする環境づくりについてふれていきたいと思います。

フィードバックとは、「今起きていることを客観的に相手に伝えること」です。相手にとって耳の痛いことを伝える必要があるときに、特に効果を発揮します。

大切なのは伝え方です。感情的に伝えるのではなく、ニュートラル、中立的なトーンで話すことです。妙にへつらったり、反対にダイレクトに言い過ぎても相手には「傷つけられた」というインパクトしか伝わらなくなってしまいます。

そこで活用したいのは「枕詞（まくらことば）」です。「言ってもいいですか?」「ちょっと耳の痛いことですが、話してもいい?」「この時間は、まず評価を伝えるところから始めたいけどいいかな?」と、伝える前に相手に許可を得るようにして下さい。許可を得ることで、相手に心の準備ができます。

フィードバックは、発信する方にも少しだけ勇気がいるかもしれません。面談でも、一番気を遣うのがこのフィードバックです。

これまで私がもらったフィードバックで、とても印象に残っているものをご紹介します。

その日のテーマについて、コーチに理解してもらおうと、状況を細かく説明していました。それも短い時間でより多くの情報を伝えようと、息もつかせぬ勢いで話していました。途中で、コーチから、

「ちょっといいかな?」と一声かかりました。

「ええ、何か?」

すると少しだけ間をおいて、「小林さんの話は、早口で、僕はついていけていないんです。」と淡々と伝えてくれました。

この時、相手の理解度を全く考えていなかったことに気づきました。初めて自分が伝える時にどんな風に相手に関わっているかを振り返ることができました。

フィードバックは、自分が何を引き起こしているかという情報を他者からもらい、よりよい行動変容につなげるチャンスです。部下自身が、自分の行動や発言がどんなことを引き起こしているのかを自覚できれば、自発的に考え、適切な行動へのきっかけづくりになるでしょう。

行動を引き出す伝える原則は次の3つです。

①相手の目標達成に関係する事柄
②記述的に
③その場で

伝える＝フィードバックのスキルを用いることにより、自ら考え、行動し、自分で修正できる人へと、変化するきっかけを与えることができるのです。

・コーチングのサイクルで、効果的な対話の手順をみにつけよう！

ここまでご紹介した4つのスキルを図表15のような順番で、実践してみて下さい。

ここで言いたいのは、「聴く」「認める」姿勢が、スムーズなコミュニケーションの基本だということです。

図表15　コーチングサイクル
「聴く＝見る」⇒「認める」⇒「質問する」⇒「伝える」

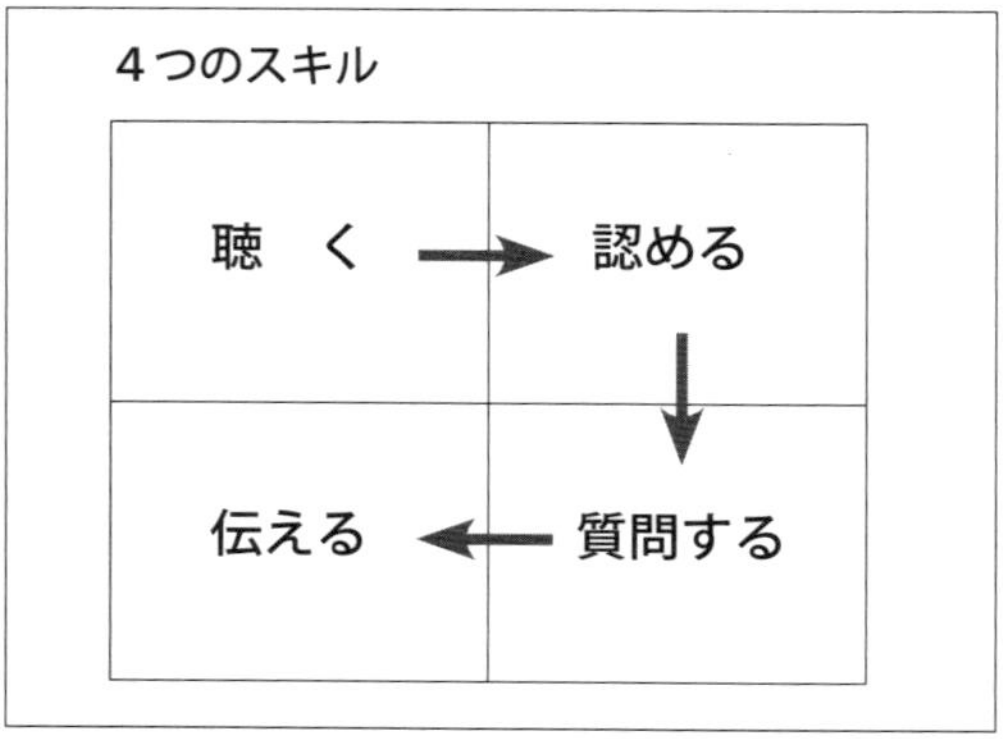

・面談が進めやすい場づくりで環境をコントロールする

では、対話の流れを更によくするために、どのような環境が効果的なのでしょうか。

安心できる距離感を知る

他人との距離感は、大切な要素の一つです。人と人には、関係性によって距離感がある程度決まっています。

その種類は次の4種類です。

「公衆距離（パブリックディスタンス）」＝3メートル以上
「社会距離（ソーシャルディスタンス）」＝1・2メートル～3メートル
「個体距離（パーソナルディスタンス）」＝60センチ～1・2メートル
「密接距離（インティメットディスタンス）」＝60センチ未満

他人との物理的距離感は、心理的距離感とほぼ同じであるという結果が出ています。たとえば、Aという部下と、Bという部下とでは、あなたがAに対して抱いている距離感と、Bに対して思っている距離感では、それぞれにどんな関係性を持っているかによって、距離感が変わってきます。

そして、あなたの部下やメンバーも同じ人間です。あなたが「近い」と感じているからと言って、相手も同じ「近い」と感じてくれているかどうかはわかりません。相手にとってあなたが安心材料になればなるだけ、距離感にも変化を持たせることはできるのです。ここで覚えていただきたいのは、部下にも彼らなりの距離感があるということです。面談の時には、相手の距離感に配慮できれば、もっと良い面談が可能になるでしょう。

・座る位置にも心配りを

これに関連させて、面談での席の配置についても、気をつけたいところです。

1つ目は真正面型。向かい合い正対する位置に座ることです。これは別名、対決型と言われ、真正面から、部下と上司の視点がぶつかり合うようになってしまうため、部下、上司ともども緊張感を持ってしまいます。面談は、真剣な内容を、気楽な雰囲気でという対話の場です。この真正面型は、あまり面談には向かない配置と言えます。

2つ目は斜め向かい型。これは最も自然なスタイルで、面談向きと

●真正面型

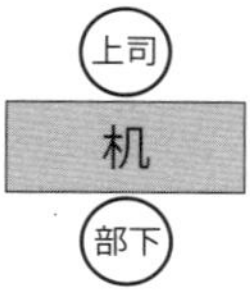

言えるでしょう。応接室では、斜め向かいに座ってもらえれば、思った以上にリラックスできると思います。双方の視線がまともに合わないので、気持ちも楽になり、自由に話ができる環境と言えるでしょう。

3つ目の位置は、斜め接近型で、斜め向かい型と似ていますが、もう少し近い距離感を持たせたものです。机のコーナーの90度でお互いに向き合うスタイルです。これは、どちらかといえば、相手の手元にある資料を見て話したりするのに適しています。これも面談向きですね。

4つ目は、横並び型です。お互いが横に並んで話を進めていきます。一つの資料を見ながら、検討したい議事や案件を話し合ったりする時に活用できます。お互いの顔を見合せないけれども、距離は近いので、何か込み入った相談や報告等をするときに、活用できます。

一見堅い場になってしまいがちな面談で、「安心感」を持ってもらい、「対話」ができるような環境をつくるために、できる限りの準備を行っておきたいものです。

第2の極意「コーチング力」の4つの力、「聴く力」「認める力」「引

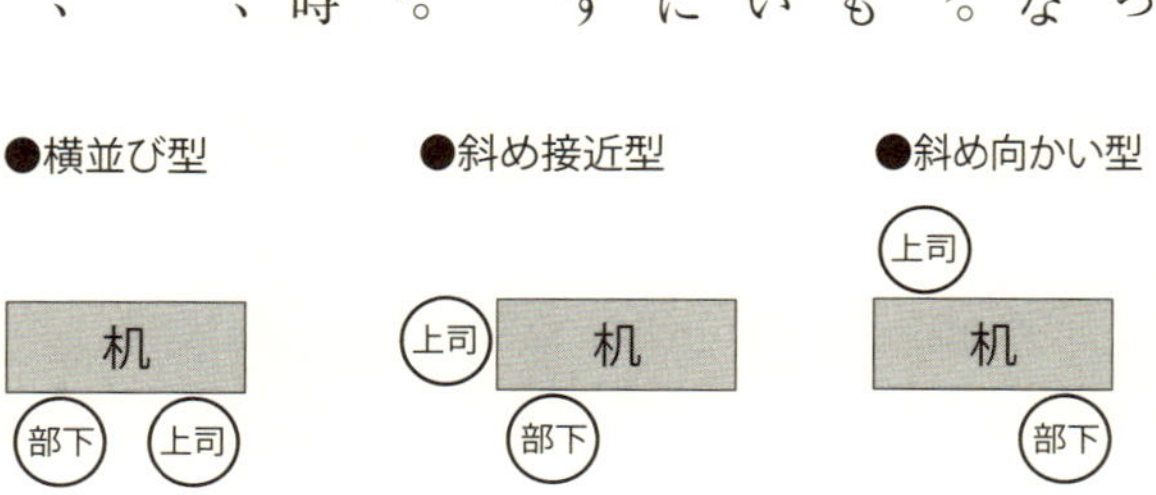

き出す力＝質問」「伝える力」は、面談のみならず、日頃のコミュニケーションでも有効です。

皆さんが、意図的に使えるようになれば、組織も着実に良い方向に動いていくでしょう。

コーチングは、「意図的なコミュニケーション」又は「戦略的なコミュニケーション」とも言われています。良い方向に向けようと、結果＝行動を引き出すことを意図した関わりです。その仕組みを面談でもフル活用してほしいと思います。

3　第3の極意〝つなぎ力〟

次に大切な力は「つなぎ力」です。組織は、それぞれ個人や部門が相互に協力し合って成り立っています。経営者やマネジャーは、それらをつなぐ役割を担っています。では何をつなぐのか？　それは2つあります。

①理念と目標とをつなぐ

②人同士をつなぐ

この2つです。詳しくお話ししていきます。

①理念と目標とをつなぐ

面談を行う時に、絶対に忘れてはいけないのは、経営の流れを意識したサイクルです。この流れに沿って実施していくことの重要性は、すでにお伝えしてきました。経営の流れに沿った情報は、上から下、いわゆる経営層から、一般社員へ流れていきます。

・縦の連鎖で組織をつなぐ

会社組織には、全体、全社レベルの理念やミッション、ビジョン、そして目標などが掲げられています。全社レベルのものは、そのままの形で末端まで一気通貫するものです。そして、経営者の方から、理念が浸透しないというお話をよく伺います。本来なら、理念が社内のいたるところで体現されているのが理想の姿です。しかし、そうではないのが現実なのです。

・理念は飾るものではなく、実行するものにする

理念をうまく浸透させ、価値にまで高めている事例をご紹介しましょう。

かの有名なリッツカールトン大阪です。その中でも、ホスピタリティの代表格としてあげられる、リッツカールトン大阪。彼らが掲げているゴールドスタンダードは有名です。ゴールドスタンダードを体現するために彼らが行っている施策の中に、「ゴールドスタンダードの意見交換」があります。今日のテーマとなる一つを引用し、「今日はこのテーマについて、具体的にあなたはどういう行動しますか?」と従業員に問いかけ、それぞれが、自分の持ち場で、ゴールドスタンダードを体現する具体的行動を発表していきます。そのような仕組みづくりが功を奏して、サービスの質を高める人材育成に成功されているよう

です。理念に関する話も、面談時に目標と関連付けて、部下に問いかけてみて下さい。

・宣言効果が生む効果

面談で、部下や社員が理念について語り、目標への行動の自己宣言＝自己選択が起こる状態を、いかに意図的に作り上げられるか、それが取り組むべき課題です。

また、自己宣言、選択を引き出す環境作りのキーワードは、「ストーリー」です。自分で語ることにより、自分なりの背景を整理することができます。なぜそれが自分の意見となっているのか、一連の「ストーリー」があるのです。自らが作った自分が**主人公として作られているストーリー**には、自らの意思が存在していて、行動と発言とが組み合わさることになるのです。それを理念と絡めて語ることで、具体的イメージがしやすくなり、より現実に近づけていけるようになります。

理念が絵に描いたモチでなくなる瞬間は、自分の言葉で語られた時に訪れます。

・質問を使って、部下に考えさせるプロセスを提供し、自発性を引き出そう

そこで活用していただきたいのが、前章で取り扱った「質問」です。質問することにより、自分で考えるプロセスを踏み、自己選択という要素が含まれ、自発性につながるのです。

column2

理念の浸透度

さて、皆さんの会社の理念の浸透度は、どのレベルになっていますか。少々大まかに分けてみました。

まずは、あなたの会社の理念は？

❶作成していない。

❷あるが明示されていない。公表・掲示されていない。

❸理念はあるが、誰一人として興味を示している様子はない。

❹朝礼で理念の唱和が行われている。

❺理念が、社員に浸透し、日常業務の中で、全員がそれを目指し、具体的な目標に向かって行動し続けている。

この5つのどの段階でしょうか。

❶作成していない場合

もし、あなたが経営者であれば、是非理念を作って下さい。もしあなたが、組織の中の一員ならば、自部門を一つの会社と見立てたうえで、自部門の理念を作ってみて下さい。

◆理念作成のための視点

理念をつくるための効果的な視点をいくつかあげておきます。

・私たち（課・部・会社）の強みは何か?
・私たちの競争相手は誰か?
・私たちの仕事（役立ちの本質）は何か?
・私たちのお客様は誰か?
・私たちの取引先は誰か?
・周り（お客様・取引先・市場）からどのように期待されているか?
・私たちは、どのような役割を担っていきたいと思っているのか?
・私たちは、この仕事（強み・本質）を通じて、どんな世界が実現することを望んでいるのか?
・制限なしに、私たちが心から実現したいと切望することとは何か?

右記について、まずは自分で考え、ランダムに書き出してみます。同じようなものをまとめ、グループ化します。自分自身が、大事にしたいと思う言葉をフレーズ（つなぎ合わせる）にまとめてみます。フレーズはワンセンテンスにまとめます。そのフレーズが、すぐに手に入りそうなものであれば、「貢献する」という視点から、再度内容を確認します。部下や社員からのフィードバックをもらい、最終的な文章にまとめ決定します。大切なことは、未来の「あるべき」または、「ありたい」姿が、本当に表現できていて、それを見たら、周りが『よしやろう！』と思える力強さが描けているかどうかです。非常に大事なポイントだと思いますので覚えておいて下さい。目標も同じことが言えます。私の師匠から、こんなことを言われたことがあります。「目標は、それを見ただけで、動かずにはいられない「よしやろう！」と思えるものでなければならない」のです。目標設定は、毎期とりあえず作るものではなく、「これをみたら、心からよしやろう！」と燃えるものにならなければ、目標の意味がありません。そうでないものは、ただの「期待していること」になるでしょう。「期待」は、一方通行で、責任の伴わない未来の漠然とした姿といえます。成果をコミットしたいなら、それが達成された時、本当に手に入れたいと思うイメージを明確化し、書き出す必要があります。効果的な目標とは何か？についいて、目標設定の目安となる視点を書き出しておきます。参考までにご活用下さい。

〈効果的な目標の視点〉

1. 考える目標⇓それは「自らが考えて進める」ことができる目標ですか？
2. 役立つ目標⇓それは「人の役に立つ」ことができる目標ですか？
3. 将来への目標⇓それは、「将来につながる」目標ですか？
4. 成長のできる目標⇓それは「成長の手ごたえ」を感じる目標ですか？
5. 競争力のある目標⇓それは「他社と違いのある」目標ですか？

❷あるが明示されていない。公表、掲示されていない。

理念があるのに、明示されていないということは、我々の方向性と実現したいものを公表していないことになります。

こういうケースでは、理念について、本当にこれでいいのか振り返るということが大前提です。経営者の方であれば、前述の①のプロセスを再度自ら考えてみて下さい。経営者以外の方々であれば、明示されていない中で、どのように使っていくかは非常に難しい問題です。理念がないのではなく、経営に生かされていないだけだとすれば、みなさんからこの考え方をプロセスに組み込んでいきましょう。理念から全体の組織目標⇓部門目標⇓課の目標⇓個人の目標という流れで、上位の理念を実現させるために、今期我々は、どんなことを達成すればそれに近づくことができるのか、という視点で、目標を立ててみて下さい。経営の視点から自らを見た時、新しい視点が見えてくると思います。

❸理念はあるが、誰一人として興味を示している様子はない。

せっかく会社の理念という魂、哲学があるのに、とても残念な状態です。一人ひとりに方向性をつけてあげるチャンスを逸してしまっている状態です。これも対策としては、まず理念の見直しが必要かと思います。この理念を受け継ぐのも、変えるのもあなた次第ではありますが、理念はやはりその会社の哲学ですから、ころころと変えるよりも、まずは今ある理念を再度考えるのが先なのではないでしょうか。手始めに、自分でまずは考える。❶の問いを自らに問いかけ、どこを大切にする必要があるのか、今の我々は何を強みとしてお客様と接点を持てているのか、など、今の視点から明確にしてみるといいと思います。ご自身の中で変更すべきところと、残していくところが確かなものになった時には、全体に向けて、理念を新たに伝え、浸透させていくプロセスへ移っていきましょう。まず大事なのは、発信者側の納得度です。理念は作って終わりではなく、会社全体の方向性と、我々の社会における役割を明確にするもので、「存在意義」ともいえるものです。それが社内で理解されている状態を作り上げるのが次のステップになります。理解を得る為には、さまざまな方法が考えられます。プロセスとしての理解度を深めるのであれば、❹に移行し、唱和や勉強会など、その組織に合った形での浸透を図る必要があると思います。

❹朝礼で理念の唱和が行われている。

唱和が行われているのは素晴らしいことです。ただ、唱和を行っているだけにとどまっていてはもったいないと思います。理念を行動へとつなげる為、目標設定を理念とつなげなければなりません。理念とどうつながっているのかを考えてもらう時間を設けましょう。また勉強会などで、理念が実現した時というテーマで、フリーな対話の時間を設けてもよいと思います。一番大事なのは、理念をブレークダウンした現実的な目標です。具体的な目標につなげるプロセスさえ入れていくことができれば、血の通った状態を作り上げられるようになります。

❺理念が、社員に浸透し、日常業務の中で、全員がそれを目指し具体的な目標に向って行動し続けている。

先のこの状態を理想とするならば、リッツカールトン大阪のやり方からは、理念の浸透の大切さ、手法の有効性を感じていただけるものと思います。自分で語らせることから生む効果が発揮されていると思います。

・理念は目標とリンクさせればうまくいく

理念について、一度、真剣に経営幹部で話し合う場が必要なのではないかと思います。理念が目標とつながり、それが各社員の行動に意識されていれば、社員の会社へのロイヤリティが更に高まります。

そして、理念が少しづつ形を変えて、末端まで伝えられていくツールとしての、「目標」は重要です。理念を実現するために考えられた中期経営計画をもとに、それを組織ごとにブレークダウンしていき、最終的に実務レベルで設定される個人目標までに落とし込みます。この様な「目標の連鎖」は、会社経営の基本です。会社の理念は、私たち個人と組織を、世の中の役に立つことができるように、先導してくれるものです。実現するためには、具体的な状態や数値について克明に描き、それができるまで繰り返し設定し、実行していくツールが目標です。そして、その目標を達成するために面談があるのです。面談の中で「あなたが立てたこの目標は、会社の理念の実現にどんな貢献をすると思いますか?」ということも問いかけておきましょう。

面談は、会社にどのような貢献になったのか、またはどうなるのか、について、個人での位置づけを理解することがその役割です。面談は、縦の連鎖を実現できる場なのです。

②人と人とをつなぐ

信頼関係の架け橋「つなぎ力」の2つ目は、人と人とをつなぐ力です。

信頼関係の橋を渡すことを、「ラポール」と言います。日頃の関わり、面談で部下や社員の話を聴き、目標設定も行い、進捗確認を行ったにもかかわらず、期末の評価を伝えるという場面になって、せっかく築いた部下との信頼関係に亀裂が入ってしまうのは、非常に残念なことです。上司は、日常ではなかなか伝えられない部分や、聴ききれない部分を、面談という一対一の対話の場で、確認することができます。面談を活用すれば、より一層の信頼関係を結べる可能性が高まります。つなぎ力としての面談の場は、そうした我々と部下や社員、人と人との信頼という繋がりを深めていける場なのです。

・信頼とは相手を受け入れること

信頼関係の深まりを、毎回の面談で感じていただけるようになるには、「相手を理解する」ということが、非常に重要です。相手を理解するということは、相手の考えに同意するとか、相手の言っていることがすべて正しいと認めることではありません。「理解した」とは、あなたの言っていること、考えていること、思っていること、感じていることを、わかったと、受け取ることです。相手の考えが、こちら側と違うかもしれませんが、相手の言っていることをそのまま受け取ることが大切です。

実際にあった事例です。40代の経営者Kさんとの面談セッションで、店舗マネジャーのAさんの能力開発がテーマでした。「Aさんは、仕事の仕上がりはきちんとしているけど、部下には厳しすぎて、ついてこられないと思うんですよ」とKさんが冒頭におっしゃったので「では、Aさんがどうなっていたら Kさんは嬉しいと思いますか?」と質問しました。すると向こうから、私の言葉にかぶせて、「ええ、それはわかりますけどね、まず! とにかく! 聞いて下さい」と言われて、ハッとしました。Kさんは、私に受け取ってもらってないと感じられたのだなと思いました。私が「僕は、まずは聞いてほしい」という相手の気持ちをくめなかった結果です。Kさんは、「受け取ってほしい」というメッセージを発信されたのだと思いました。大きく反省しました。このケースから学んだことは、まずは相手の話を最後までしっかり聴かなければいけないということです。

基本的に、「受け取ってほしい」「聞いてほしい」「耳を傾けてもらいたい」「話す時間を設けてほしい」ただそれだけなのです。そして、必ず相手の中に答えがあるのです。

コーチングを上手く活用し、意図的に部下のやる気を引き出し、共感と相互理解を促進することにより、人と人との信頼関係というつながりが、より一層深まります。

対話を活用すること、意図的・戦略的なコミュニケーションを使い、人と人とをつなぐことで、より一層強固な組織を作り上げていくことができていくイメージを作っていただけたのではないでしょうか。

第5章

第3ステップ　こんな時どうする？

面談における困ったケースの対処法

1　目標設定面談時の困ったケース

ここからは、目標設定時の困ったケースについて、具体的に考えていきます。その前に、もう一度、目標設定面談のあるべき姿について、おさらいしておきましょう。

【目標設定面談の目的】
目標の状態を共有化し、実践に向けての行動計画の明確化と納得度を高める。そのためのやる気を引き出す。

目標設定面談において、上手くいく要素を、5つにまとめました。

①目標設定面談に際しての十分な準備を行う（理念の確認・部門の目標・部下の資質等）
②面談は、部下の話を十分に聞き、肯定的・ニュートラルな姿勢を持つ
③効果的な質問をすることで、目標とそのプロセスをより身近なものにする
④目標を達成するその人にとっての意味を問いかける
⑤「議論」ではなく、「対話」のイメージを作る

それでは、困ったケースへの対処法について、ご説明していきましょう。

(1)よくあるケース1〈目標設定が低い部下「安易な目標編」〉

設定が低く、安易な目標になってしまっているというケースです。今までのやり方では、どうしても「指示命令」になってしまいがちです。自らチャレンジする目標をどう引き出していくといいのでしょうか。

上手くいかないときと、上手くいった面談のパターンを比較しながらイメージして下さい。ある会社の事例をご紹介します。

【ケース設定】

●上司：小林さん（課長）

全体で課長の自分も含めて5名体制の営業部門。自部門の半期の売り上げ目標は、9億円。個人の売上目標は、1・5億円。担当顧客上位3社への重点戦略を立てる。部下の鈴木さんの業務面での強みは、行動力とプレゼンテーション力。人間的な強みは、明るい、前向き、人をよく観察していること、コミュニケーション力と感じている。戦略をきちんと立てた行動を今期は望んでいる。既に、部門でのミーティングは終了し、方向性について説明が終了している。

●部下：鈴木さん

売上成績は4人中3番目で、行動力もあり、動きまわることが好きなタイプ。具体的な戦略は持っていないが、動きまわったり、人間関係をうまく構築する中で、売上を上げている。前期は目標未達。期末で追い上げるタイプ。情報量は多く、常にいろんなところに出向いている。明るく行動的でよくしゃべる。

◆うまくいかない目標設定面談のパターン〈安易な目標を立てた部下への面談〉

小林（以下K）　さて始めようか…時間がないんでとりあえず、今期の目標の背景はミーティングで話しているので、どういう目標を立てたか簡単に説明してもらおうか。

鈴木（以下S）　（用紙を出して）こんな風に立ててみたんですけども……半期での売り上げは1億。重点顧客は期中の様子を見ながら、絞って営業強化を図ろうと思っています。半期の売上は小林課長は1億5千万円っておっしゃっていらっしゃいましたが、きついですよ。たぶん無理だと。

K　ミーティングでの私の話を聞いていなかったのか？　売上は最低でも1億5千万円だと言ったはずだし、それに重点顧客は上位3社だとも伝えたはずだ。期中の様子を見ながら絞っているようでは…まあいい。で、それでなぜ？

S　そうはいっても、この1年での材料費等の値上げで、市場環境はかえって悪くなってきています。そこで前期の数字も達成できていない中で、今期増やせというのはそもそも無理があると思います。

K そもそも無理？　厳しいのはわかっているからこそ、頑張る必要があるんじゃないのか？　で、それに重点顧客3社はどこなんだ？

S トップ2社は決まっていますが、あと1社はどこも同じようなものでじっくりと動きを見てみないとはっきりとしたことは言えません。

K そんなぐずぐずと、ゆっくり考えていたんじゃ、いつまでたっても同じだろう。とにかく、売上1・5億は必達だ。それに上位3社とそのキーマンの名前を終わりしだい書類にして出してくれ。いいな！　書き直してすぐに持ってくるように。

S ……はい……

いかがでしょうか？　よくある光景ではありませんか。上司の小林課長は、鈴木さんの慎重な態度にイライラしています。鈴木さんは、着実に達成できるところを目指していきたいと考えているようです。小林課長は、どうにかしなければと焦っているようです。皆さんなら小林課長にどうアドバイスしますか。

私ならこうする……

①

②

③

④

小林課長は、何とか自部門の目標を達成したいと思っていますが、部下の鈴木さんの慎重な姿勢や数字の出し方、中途半端な態度と目標設定に、うまくコミュニケーションがとれていないようです。何とか自分の思ったところに誘導しなければならないと躍起になり、鈴木さんが「よしやろう！」と意欲を高められる形にならない状況を作っています。どうしたら、小林課長は、鈴木さんとスムーズに対話ができ、かつ、やる気を出してもらえるようになるのでしょうか。

では、次に、上手く進むパターンと比較してみましょう。

何をするといいのか、何がダメなのかが明確になると思います。

◆うまくいった目標設定面談のパターン〈安易な目標を立てた部下への面談〉

小林（以下K）　今日は忙しい中ありがとう。時間通りに始められて、気分いいなあ。さて今期の目標設定の面談を始めるけどいいかな？

鈴木（以下S）　ハイ、よろしくお願いします。

K　今日は時間的には1時間ぐらいになると思う。まずはお互いが、今期の目標のすり合わせと率直な話し合いができればいいと思っているので、よろしくお願いします。今期も前期と引き続き、リーダーシップを発揮してチームのまとめ役として頑張ってほしいと思っている。よろしく頼むね！

S　はい。よろしくお願いします。

K　では今期の全体方針はミーティングで話したと思うけど、そこについてはどのぐらい理解できていますか？

S　はい。えっと……ミーティングでは、全体の目標としての数字の達成としっかりとした戦略をもった営業を進めたいということ。個別の目標については、1・5億を最低におきたいとおっしゃっていたと思います。加えて、重点顧客を絞って戦略的に進めていくことだったと思います。

K　なるほど…大体の方向性は理解してくれているようだね。

S　はい。

K　では今期立てた自身の目標についての説明をしてくれますか？

S　はい。今期の売上は1億円で考えています。重点顧客に絞って戦略的に、進めていきながら焦点を絞っていくことにしました。

K　なるほど。簡素にまとめてくれてありがとう。大まかには理解できてるみたいで安心した。ではもうちょっと詳しく聞かせてほしいところがあるんだけど。最初に、ミーティングでの売り上げは1・5億と話したが、言ってもらった数字は1億円だったと思う。差があるようだが、何をポイントに5千万円の差をつけたのか、聞かせてくれないかな？

S　はい。正直低いとは思っています。すでに決まっている数字だと思うのですが、前期の取り組みの結果として、目標に届かなかったことが一つの理由です。今後も市場の見通しは暗いと出ています。がんばればなんとかなるとも言えますが、1億円できちんと達成できてこそだと思っています。

K　なるほど。前期のやり方を含めて、また外部環境も加味した、ということだね？

S　はい。そうです。がんばりよりも、きちんと積み上げた1億ですよ！

K　なるほど、鈴木君の考えていることや、想いについてはわかった。1億をやれるということについてはわかったのだが、1・5億の達成を妨げているものについてはまだほかにありそうに思うけど、あると仮定したらなんだろう？

S　それについては、僕にはよくわからないのですが、あるとしたら、横の連携かもしれません。みんな個人の売り上げのことばかり考えていて、横のすり合わせができていないから、売れるものも売れない状況だと思います。

K　なるほど。メンバー同士の横の連携、それもお互いの状況を確認し合えたら、バッティングも防げるし、段取りもやりやすいということか？

S　はい、それがすべてではないのですが、たぶんそれもできたら良くなると思います。

K　なるほど。それはいい考えだと思う。それともう一つ、重点顧客について具体策を聞かせてくれないか？

S　はい。それはまだ……2社はトップに絞れているのですが、1社を選ぶのにどこもどんぐりで…

K　ではまだはっきりしていない中でも、こうしたらいいなあと思っていることは何？

S　はい…とりあえずは、A社とB社は僕の担当の中でトップですので、重点を置いて面談を担当者と密にしようかと思っています。

K　なるほど、それから？

S　えっと、あともう1社絞るのは、3社がどこも同じような売り上げなのでどうしようかと迷っています。

K　なるほど。では、3社から1社に絞るときに、将来性・関係性の軸で見たらどういう風に見えてくる？

S　今の感触では、D社は関係性はいいのですが、将来性は見えません。E社は、昨年から担当者との関係はいいのですが、キーマンとは接点が持てていません。F社はご紹介をいただいたところで始まったので、将来性はあると思います。そうですね、E社はキーマンとの接点を持つことができたら、方向性も見えてくるかと思います。はい。

K　今の話で行くと、もう1社はE社がいいのではないかなあということ？　もしくは、F社も見込みありですか？

S　今の時点では、どうなるかわかりません。

K　ここまで話してみて売り上げと方針について、どう感じている？

S　これでいけば何とかいけるだろうと思います。

K　なるほど、では仮に1・5億を目指したときには、これに対して何か変えなくてはいけないことやその達成の障害になることはどんなことがあると思う？

S　重点戦略だけではたぶん1・5億は難しいと思います。新規顧客の開拓ができれば、今期は無理でも来期には見込めるかもしれません。あとは、重点顧客への対応については、同行してもらったら、うちの熱意が、より強くアピールできるかもしれません。必要であれば、食事の席も必要かもしれません。

K　なるほど。いいじゃないか！　ここまで話してみて、自分の中で明確になった事を教えてくれないかな？

S　重点を置く企業のイメージがなんとなく見えたと思います。1億についてのイメージもできました。1・5億については、今も伝えましたが、努力目標としては掲げられそうですが、実現には難しい要素が含まれていると思います。

K　なるほど、これは提案だが、今期は1・5億を努力目標としてどこまでいけるかやってみないか？　重点施策の絞り込みと掘り下げをしっかりと行って数字を一緒に考えてみたいんだがどうだ？　一緒に戦略を練って作り上げてみたいと話を聞いていて思ったんだがどうかな？

S　はい。小林課長は忙しいですが、大丈夫ですか？

K　僕自身も、そんなに簡単ではないとも分かっているつもりだし、気持ちも考えもじっくりと聞かせてもらった。もし今期こうやって一緒になって考えた結果、達成した時、どんな気分になると思う？

S　そうですね。達成してみないとわかりませんが、いろんなことが起こってくるでしょうね。やりきった感というか、何かできたら嬉しいかもしれませんね。大変だと思いますけど。

K　なるほど。いろいろと起こるけどやりきった感とうれしさ。そして大変だと思うんだね。それともう一つ、この目標を達成することは、鈴木さんにとって、どんな意味があると思いますか？

S　そうですね…大変ですけれども、自分の成長というか、自信がつくような気がします。なので、そうですね、1・5億についてはとにかく目標としてやってみます。また相談に乗って下さい。

K　わかった。僕は、こうやって鈴木さんが前向きな取り組みをしてくれることで、周りへもいい影響が出てくると思うよ。で、とりあえず最初の打ち合わせだけは決めておきたいんだけど、いつだったらいけそうかな？

S　そうですね。とりあえず来週の後半の夕方だったらいけると思います。

K　では来週木曜17時からでどうだ？

S　はい大丈夫です。

K　ではそれでいこう。で、大体の話は聞けたと思うが、何か言っておかなければならないことは他にはないかな？

S　とりあえずは大丈夫です。

K　じゃあ長い時間ありがとう！　お互いがんばろう。

◇うまくいっている面談のポイント解説

いかがですか？

この小林課長の進め方は、前の事例とは全く別人のようですね。少しポイントを解説していきましょう。

まず、質問の手順であるＧＲＯＷモデルの流れをうまく活用しています。

冒頭のセリフ、

Ｋ：今日は忙しい中ありがとう。時間通りに始められて、気分いいなあ。

⇓ねぎらいの言葉による「アイスブレイク」を行い、

Ｋ：今季の目標設定の面談を始めるけどいいかな？

⇓「今日の面談の目的」を伝え、何をするのかの合意を得ていました。そして、展開としては、どういう目標にしたのかの「ゴールの状態」を聞き、現状の話も鈴木さんから話してもらっていました。

そして、低い目標を立てた理由（ゴールの状態）を話したことを受け止め、1億をやれるということについてはわかったのだが、本来目指してほしい1・5億に向けてのどうやったらできるのかについて聞いています。それも、どうやったらできると思う？　ということではなく、1・5億を妨げている障害を引き出すことで、その障害を取り除くことや、アイデアを出してもらうということを行っていました。

K：1・5億の達成を妨げているものについてはまだほかにありそうに思うけど、あると仮定したらなんだろう？

そして、

K：この目標を達成することは、鈴木さんにとって、どんな意味があると思いますか？

最後に意味づけの質問をすることで、やる気と未来へのイメージをふくらますことができるところまでの、大きな流れができていました。

加えて、スキルとしてのコーチングにおけるアクティブリスニングと、オウム返しや承認をうまく活用していたのも、相手が前向きに話を進められることにつながりました。効果的に質問も活用できていました。鈴木さんの

S：えっと、あともう1社絞るのは、3社がどこも同じような売り上げなのでどうしようかと迷っています。

と言ったときに、すかさず、

K：では、3社を1社に絞るときに、将来性・関係性の軸だとどういう風に見えてくる？

「将来性」「関係性」という新しい視点を提供して、突破口を開くために、効果的な質問を活用していました。もう一つ素晴らしい点は、小林課長が、将来性と関係性について教えるのではなく、鈴木さんから引き出すように質問し、彼の話に耳を傾けたことです。鈴木さんに考えてもらうと、彼の理解度もわかりますし、どういう基準で見ているかということも、知ることができます。今後の的確な指導のきっかけづくりにもつながりますし、必要以上に教え過ぎることなく、鈴木さんの自発性を伸ばしていくことにもつながります。

そして、もう一つの効果的なポイントは、上司は面談中に、**部下の言葉にいちいち反応しない**ということです。

S：はい。今期の売上は1億円で考えています。重点顧客に絞って戦略的に、進めていきながら焦点を絞っていくことにしました。

というような、部下の返答がこちらの指示とは違う場合でも、発言や態度に対して反応しないでいたこと。そして、まずなぜそうなっているのかを、彼の言葉を反芻《はんすう》しながら、現状を受け止めたうえで、理由を聴いています。

K：差があるようだが、何をポイントにこの差をつけたのか、説明してもらっていいかな？

いかがでしょうか？　流れの中で、うまくいくであろうフレーズや関わり方について、これから参考になる部分がたくさんあるのではないかと思っています。

目標設定面談でのチェックポイント、面談時の行動のポイントについて表15にまとめました。

表15の視点で、行動レベルのイメージ作りをしておくとよいでしょう。これらのポイントは、日常の関わりの中で、練習しておくようにしましょう。

(2) よくあるケース2〈無口でしゃべらない部下編〉

面談で一番困るのが、「しゃべってくれない」部下。相手が話をしないということになれば、面談は成立しなくなってしまいます。この困ったパターーンの解決方法について、ご説明していきます。

しゃべってくれないのには、いくつか理由があります。

①話すのが下手だから
②上司に抵抗してる
③そもそも問題意識が低く、話すことなんてないと思っている

という3つについて対応策を考えてみましょう。

図表16 【面談時の上司の行動チェックポイント】

□部下が話せるように促していた
□部下の話に真剣に耳を傾けていた
□相手に合わせてゆったりと間を取っていた
□事実に基づいて話しをしていた
□目を合せる
□部下の理解度を確認していた
□必要な指導を簡潔に行っていた
□おしつけや忠告めいた発言はなかった
□部下の視点を変えるような効果的な質問をしていた

①話すのが下手な部下には、答えやすい質問から

このような状況は、若手社員が、まだ上司と話をすることに慣れていない場合や、もともと口数が少ない場合に起こります。加えて、話すのが苦手な部下もこのケースにあたります。

《焦らない》

心構えとして、口数が少ないからと言って、上司であるみなさんが焦らないことです。しゃべってもらおうとしゃかりきに質問攻めにしてしまうと、かえって話しづらくなってしまいます。

そして、**話が弾まないと駄目だ！**という考えは捨てましょう。面談で話が盛り上がるかどうかは大きな問題ではありません。相手の中できちんとした行動化に至るプロセスが組み立てられればよいのです。

《相手のペースやテンポに合わせてみる》

そんな相手には、相手のペースに合わせるように、「ペーシング」を心がけましょう。ペーシングとは、相手の話すテンポに合わせることです。こういう場合は、比較的ゆっ

くり話していくでしょう。その一つひとつに耳を傾けることや、相手の姿勢に合わせてみる。ようは、「マネ」をしてみるのです。

《答えやすいクローズドクエスチョンを活用する》

次に、話しやすい環境づくりが大切です。穏やかなトーンで話してみて下さい。そして、決して詰問にならないように、質問をうまく使っていきましょう。この時は、**クローズドクエスチョン**が、効果的です。話すのが得意ではない方には、「今日の気分は？」というような抽象的なオープンクエスチョンではなく、「体調はいいですか？」や「朝ごはん食べましたか？」など、簡単で、答えやすい質問で、導入から本題へ話しを進めていくとよいでしょう。

《先読みが部下をより一層黙らせてしまう。待ってみよう！》

話が進まない時に、こっちが焦って先読み、先回りをして、こちらばかりが話していた！なんていう結果にならないように気をつけて下さい。話すのが下手だと思っている方には、共感と沈黙を大事にして接するように心がけましょう。共感とは、相手の感情を自分の身になって感じることです。相手が「今」、何を感じているのかをよく観察してみるとよいでしょう。そして、話が途切れてしまったり、質問したのに、相手が固まってしまったりしても、焦って機関銃のように質問を浴びせてしまわないように注意して下さい。相手をよく観察すると、今まで見えなかった相手の表情から、感情や想い、考え方、ものの見方が見えてきたりするものです。

②上司に抵抗編

これは厄介なケースです。上司や会社に対して、抵抗感を持っているケースです。上司にとっては、気持ちのいいものではありません。まずは、相手のことを理解するところからスタートして下さい。「相手の関心について観察する」そして、そこから見えてくる「強み、特徴、特技、好きな活動や趣味」等を書き出しておきましょう。そして、「認める」関わりを持っていきましょう。

抵抗している相手を何とか説得して変えようとしても、決してうまくはいきません。「**過去と他人は変えられない。未来と自分は変えられる**」という言葉通り、部下をよく理解すれば、おのずと部下が見えてきます。

③そもそも問題意識が低く、話すことなんてないと思っている

これまでご紹介した「クローズドクエスチョン」「相手をよく知る」に加えて、刺激を与えることが大切です。外部や社内研修などで他者の意見に触れる機会を与えていきましょう。また、「10年後の自分が、今の自分を見たらどう思うか？」という未来に向けての問いかけも、効果的です。口数の少ない部下と同様ですが、あまりオープンクエスチョンで問いかけても、かえって逆効果です。面談の最後に、未来に向けての質問を一つか二つ準備をしておくぐらいにとどめておく方が無難でしょう。

2　期中面談時の困ったケース

目標に手がつけられず、障害があるのに表に出さない部下や、面談の時間が取れない忙しい部下に対して、どのように対処していくといいのでしょうか。まずは期中面談の目的を確認しましょう。

目標に向けての現在までの行動や実績の振り返りを行い、目標達成へのやる気の喚起と、達成に向けての計画の再確認を行う。さらに現状確認をすることで、起こっている問題点の把握や解決に対する相談、障害等の明確化を行い、支援体制を強化する。

手をつけられていない目標があるけれども、楽観的で、スケジュール管理が甘い部下に対して、面談で効果的に関われば、目標への取り組み姿勢を引き出せるようになります。

手がつけられていない目標については、叱咤よりスケジュール確認を具体的に行う

個別の目標の進捗ではなく、全体のスケジュール確認で、各目標達成のための時間資源の棚卸を行いましょう。

例えば、今が12月初旬として、期末を仮に3月末として考えてみましょう。横軸に月を4週に分け、縦軸に目標を書き、それぞれの目標の進捗確認と、今後のスケジュール確認を同時に行います。全体を俯瞰して進めていくために、実際にやるべきタスクを、具体的に整理していくのです。

すると、現実にどのぐらいの量の仕事を見積もっているのか？　それにどのぐらいの時間がかかりそうなのかが共有できます。

ここでは、上司から見た部下育成ポイントを絡めたり、また、部下には見えていない、目標達成に向けて行動してほしいことを予め作業量と同時に見積もってから、面談に臨むようにしておくとよいでしょう。

3 期末面談時の困ったケース

年上の部下に対して、どのように面談をしていけばいいでしょうか。

まず、期末面談の目的を振り返ってみましょう。

今期の成果を振り返る。そのプロセスで変化と成長を実感する機会です。期首に決めた具体策の効果を、事実に基づき確認する。また評価に対する考え方の方向性のすり合わせを行う。

年上の部下を持つ方がここ10年で急増しています。抜擢人事が行われると必ず起こる現象です。これからも更に加速するでしょう。昔仕事を教えてもらった先輩を評価することになり、心情として苦しい状況です。これからご紹介する期末面談のモデル対話の形を見ながら、困った問題への対処法のポイントを解説していきます。

期末面談を成功させるためのポイントは、**部下の今期の実績を、事実に基づいて準備することです。**そして、**節度ある態度**が必要です。

小林課長（以下K）　Aさん、忙しい中ありがとうございます。期末面談を実施したいと思っています。よろしくお願いします。

Aさん（以下A）　そうだね。よろしくお願いします…

K　今期もやっと一段落ですね。本当にお疲れ様でした。チーム全体の人材育成の視点で動いて下さっているのをいつも拝見しています。ありがとうございます。

A　それが仕事みたいだしね。

K　本当にありがとうございます。では改めてですが、今期期末の面談を始めましょう。よろしくお願いします。まずは自己評価していただいたものをもとに、話を聞かせていただきたいと思います。

A　じゃあ、この半年の振り返りとして、重要案件であったA社への新規取引開始の詳細の詰めを含めて予算達成できたと思います。全体の目標額10億円の達成は実績表を見てもらったらわかると思います。

K　はい。ありがとうございます。達成した時点で報告をいただきましたので嬉しかったですね。その時も思いましたが、やっぱりさすがAさんです。

A　ありがとう。

K　周りからの信頼感も絶大です。本当にありがとうございました。

A　で、ほかの項目についても同様に、プロジェクトについては、ほぼ終了して報告書もできて、とりあえず一段落して周りもホッとしているんです。

K　なるほど、プロジェクトについても同様でリーダーシップを取っていただいてまとまった成果につながっていると思います。うまくいった理由について教えてもらえますか？

A　うまくみんながまとまってくれたと思うよ。納期を意識した進捗管理と、メンバー内のコミュニケーションの改善で、それぞれの強みを生かした活用が可能だったからかな。Bさんは元システムの人間で、チャートやフローを作ったり整理するのが得意だったんだ。それを他のチームと共有するために、2回ほどプロジェクト内の勉強会をやったことも、全体の成果を出すのにうまく機能したと思う。

K　そうですか。なるほど。人をどういう形で活用するかを見極める力が大事だと痛感しました。少し聴きたいことがあるのですがいいでしょうか？

A　何ですか？

K　プロジェクトの成果ですが、ほぼ終了ということですので、**仕上がりについてもう少し詳しく教えて下さい。**

A　プロジェクトの成果としては、今レポートをまとめてもらっている。全体の業務フローチャートを整理した上で各部門を合わせ、業務の変更まで落とし込むまでの流れは大体のところ終わったと思う。

K　そうですか。**業務の落とし込みについては、どのぐらい完了していますか？**

A　今のところは、第2・3グループが、グループ内の説明まで終わったところまでで、第1グループは担当者には業務としての変更を始めているんだが、2と3がまだなので、動けるところとそうでないところがあるという段階だと。

K　そうですか。わかりました。少しばらつきはある。しかし変更についての落とし込みは第2・3グループ内が残りあと少しだということですね。ということは、この目標については、第2・3グループが完了があと少しかかるということですね。

A　そうですね。全体としては進められたが、そこについてはそうだね。

K　ありがとうございました。あとはいかがですか？

A　3つ目の目標については、手をつけただけで、結果というより、調査を終了した段階になっている。達成する前段階での調査が重要だと調べていくうちにわかったので、まずは調査を完了することが焦点になったところか…

K　そうでしたね。その調査の結果もご報告をいただいていますし、了解です。

A　読みが甘かったのもあるが、もっと事前に情報が得られたものと思っていたのだけど、ふたを開けてみたらという感じで、少々戸惑ったかな。事前の情報をどこまで深掘りしているかも確認が必要だったんだと今更思う。

K　なるほど。事前の情報について、期首の段階でもっと詰めておけばよかったのかもしれませんね。これはグループ全体の課題でもありますね。何とか手を打っておきたいですね。来期に何とかこれを課題化したいですね。

A　そうだね。確かに。常にここは課題だと思うな。

K　ではこの件に関しては、改めて打ち合わせをさせて下さい。お願いします。では、ここまでで大体この内容と自己評価結果のご報告で了解しました。話をしていないというところはありますか?

A　特にありません。

K　了解しました。ありがとうございます。忙しい中本当にありがとうございました。評価結果についてはご存じのとおり、2次評価結果と調整後に、報告することになっていますので、よろしくお願いします。

上司の役割は、部下の力を引き出すことなので、部下が年上だとしても、臆することなく、**期待を伝えて**いきましょう。

この進め方の中で、特筆すべきは、丁寧に事実を引き出すことに徹していたところです。

K：プロジェクトの成果ですが、……仕上がりについてもう少し詳しく教えて下さい。

K：……業務の落とし込みについては、どのぐらい完了していますか？

事実を確認することで、成果と次期の課題の両方が明確になります。曖昧にせず、一歩踏み込んだ質問で、効果的な振り返りを行って下さい。

4　フィードバック面談時の困ったケース

では、最後に最大の難関である「フィードバック面談における困ったケース」です。その前に、フィードバック面談の目的を整理しておきましょう。

今期の評価の結果を伝える。評価結果の納得度を上げること。評価は、その人の来期への期待に基づいて、被評価者の「成長」「次のステップ」のための時間にする。

フィードバック面談では、評価結果によって、どうしても状況が左右されます。一番ナーバスになる「自己評価の点数よりも、評価結果が下がる部下へのフィードバック」を事例を通してお伝えします。

状況は次の通りです。

【ケース設定】

●上司：小林さん（課長）

Ｇｒリーダー（課長）の自分も含めて5名体制の営業部門。自部門の半期の売上目標は、10億。営業は全体で3つの課と事業部メンバーで15名。部長が2次評価者。浜田さんへの最終評価結果はB。（Sからの5段階評価）上司としての期待は、次期課長として課全体の仕事を知り、顧客との接点も持ってもらう狙いがあったが、今期は、そこまでは踏み込めてはいないことがマイナス評価として、2次評価も評価調整会議でも同評価とされていた。

●部下：浜田さん（チームリーダー）

自己評価はＡ。数値目標（売上）は、100％達成。プロセス目標は、目標としていた営業プロセス革新プロジェクトの成果物「新規業務マニュアルの完成と配布」まではできている。しかし、十分な出来栄えではなかったことは、お互いに面談で了承済み。本人の自己評価では、ゴールとしていた成果物はできたことと、来期にメンテナンスをしていくことで問題がないと考えている。

小林課長（以下K） 忙しい中、時間を取ってもらって恐縮だけど、今日は前期評価のフィードバックをしたいと思っています。時間は20分ぐらいだと思います。

浜田さん（以下H） わかりました……

K 2次評価、評価調整会議等では、Bという評価が前期の結果です。

H そうですか……B……ですか……

K まずは、どこにポイントを置いて評価を決定したのかを伝える必要があると思うのだが、今から説明していこうと思います。

H はい……。

K 前期の評価については、数字達成100%、ここは必ず行くものと思っていたし、きちんとやってくれたと思っている。行動レベルでも申し分ないということは、実際の動きを見てても十分だと思う。営業プロジェクトについても、成果物としてのマニュアルの完成ということができていた。それに、プロジェクトリーダーとして、チームワークを保ちながら動いてくれていたね。それについてだが、業務マニュアルという形で出来上がり、その棚卸から変革を狙った活動まで踏み込んで欲しかった。

これはとても残念で、ここが評価としては、十分とは言い難いところでした。結果として仕事の見える化はできたと思う。この成果物を土台として、マニュアルの発展型をプロセスの改革へつなげてほしいと思う。今までの話を聞いてみて、どうかな？

H ……はい……おっしゃる通りですね。自分では、まずは棚卸をまとめあげるのが先決で、改革という形のものはなかなかすぐにはいかないと思いますし、それが達成できていないということであれば、おっしゃるとおりです。このプロジェクトには気持ちも入れ込んできたつもりですし、ウエイトも大きいものだったので、何とかできるように力を出したつもりですし。面談の時も説明しましたし、ご理解いただいたと思っていたのですが、………

K 忙しい時間を費やしたこと、それに力を入れていたことは私も仕事を見ていて、感じています。またメンバーを、しっかりと引っ張って行ってくれていることも聞いています。安心して仕事を任せられる君だからこそ、もう一歩実際の業務を変革するために、部門や部内の仕事に、思い切って踏み込むことができるだろうと思っていたんだけど……そうか、なかなか難しかったですね。何があれば、もう一歩踏み込むことができたと思う？

H　え…それは……忙しさの中で、他にサポートを依頼したりすること…でしょうか…。周りを巻き込むこと…でしょうか。

K　正直に話してくれてありがとう。君の話を聞いていて僕もH君の仕事に対する姿勢は目を見張るものがあると確信しました。安心しました。だからこそ、今期はこの部分で、マニュアルだけではなく、マニュアルに出てきた問題点をきちんと根拠と背景を調べ、変革プロジェクトを成功させて、みんなの業務がやりやすくなるように、頑張ってくれないか。

H　はい。今回のことは反省材料だと思います。

K　他に聴きたいこと、言いたいことはないか?

H　特にありません。忙しい中ありがとうございました。

K　いや、こちらは大丈夫だよ。君こそバタバタしている中で時間を取ってくれてありがとう。今期も頑張ろう!

H　ありがとうございました。

部下としては、自分の思惑と反対の評価で、不服があることは確かです。ここで課長は、実施した「相手への来期への期待」「できたこと」も「できていなかったこと」の中で、何を評価し、それがどのぐらいの評価として受け取っているかを正直に伝えていました。

こちらの評価が、「押しつけ」にならないように、その評価に至るプロセスにおいてのポイントをまとめておきましょう。一番重要なのは、部下からの反論・説明時でのアクティブリスニングです。部下が評価の受け取り方について、どのように考えているのかをしっかり聴きましょう。そして、お互いに職場を作っている一員であるという認識を忘れないように、一緒に頑張ろうという思いを伝えましょう。

私自身も会社員だった時に、自己評価を覆された時がありました。その時の上司の一言は今でも忘れられません。

「小林さんは、××までやってくれると期待していたし、期首の期待もそこにあったからね」と、期待を背景にしたコメントでした。先ほどの浜田さん同様、与えられた仕事の枠の中でやることだけに終始し、新しい取り組みや違う切り口での改善や改革は全くできていませんでした。その言葉を聞いて、「初めての仕事だったので」ということも、言い訳にしかならないなあと思いました。期待を伝えられていた中でのフィードバックだったので、次の仕事につながったのは言うまでもありません。

必要なのは、双方の責任において、今回の評価を客観的な視点で振り返ることができるような質問や伝え方です。評価を下げられた方が、感情的になることに巻き込まれないようにするのも大切なポイントですね。

最後に、面談全般におけるポイントをまとめておきましたので、参考にして下さい。

1．評点は査定ではなく、部下の成長のインジケーター（ものさし）です！

2．相手の立場とやってきたこと、プロセスに敬意を払う。

3．フィードバックは、プラス面、マイナス面の両面を整理して挑みましょう！

4「説得」よりも「納得」が大切。「アクティブリスニング」を忘れずに！

5．評価が低くなった部下に対しては、「感情」「想い」を「聴ききれ！」

6．部下への期待は事前に整理し、面談の時に「口に出して」伝えましょう。

第6章

面談は組織と人とをつなぐ架け橋

経営幹部は組織に血を通わせる人

初めから一貫してお伝えしている「面談」と「対話」について、具体的なことについては以上です。スキルやツールをたくさん備え、使える武器は手元に揃いました。これからは、そのスキルやツールをサポートする「あり方」「考え方」をお伝えしたいと思います。

1 面談をより効果的に進めていくために必要な「あり方」「考え方」

目標達成ばかりを追いかけると燃え尽きる

コーチをしていると、「目標達成ばかりでは、息つく暇もなく、大変だ」とよく言われます。そういう状態を燃え尽き症候群、バーンアウトと言います。

私がテニス選手を志していた頃、ジェニファ・カプリアティという有名なアメリカのテニスプレーヤーがいました。16歳という若さで世界タイトルを手にした彼女は、その後転落の人生を歩むことになります。若くして、タイトルをとることを目標にしてきた彼女は、タイトルを手にしたとたん、何に対してもやる気が起きず、やがて薬に手を出してしまうという、悲しい人生の選択をすることになります。生きる意味、人生の豊かさや辛さ、自分が何のために生まれてきたのかもわからなくなってしまったのでしょう。私たちも目標を達成する過程で、そういう危険性をはらんでいます。

達成することだけに意味があるとしてしまうことで、達成したらその次の目標、ハイ次！　そんなことを繰り返していても、ただの目標達成マシンになってしまいます。ニンジンをつりさげられて、走るだけです。

何かを成し遂げる必要があるとするならば、その人らしさをより多くの人と分かち合い、人の役に立ち、そしてそこに自らの喜びもあるという目標を立てるのです。もちろん初めから、できるわけではありません。目標という一つの道具を使うことで、少しずつ成長するための機会を作っていけるのではないでしょうか。

プロセスを楽しもうという気持ち

私は学生時代、選手としてテニスをしていました。私たちには目標がありました。インターハイに出る、とか、夏の大会で優勝する。これは一つの目標ではありました。でも今思い返すとそれだけではありませんでした。試合で一つでも勝つために、少しでも確率の高いサーブを打とうと思いました。そうすることで、長い時間プレーをすることができる。試合を続けることができる。好きなことができる時間が増えるのです。それは、また、日ごろ接することのない未知の相手と、一戦構えることで、いろんなことが起こる楽しみもあります。よく対戦する人と当たるようになったドロー（試合のトーナメントの組み合わせ）が発表されたら、その試合に向けての作戦を立てる。そうすると、ただ勝つことだけが目標ではなく、いろんなことを考え準備し、そして試合に勝つことで、より多くの時間、プレーできるようになる。そんな風に考えていました。

自分の価値観を明確にしておく

価値観とは何でしょうか？

自分の譲れない大切にしたいこと。そう私は定義しています。私の尊敬するコーチは、自分が納得する答えがクライアントから出てくるまでじっと我慢して聴きいっています。その結果、クライアントの見えていなかった領域が見えてきたのです。「締め切りは必ず守る。」「時間には遅れない。」そのクライアントにとって、譲れない基準だったのです。

ご自身の価値観について、よく考えてみて下さい。その価値観を通じて、「人と関わるときの軸」となり、燃え尽きることはありません。価値観を共有することで、多くの人を巻き込むことができ、人の気持ちに火をつけることにもなるのです。

準備8割

面談を実施すると、同じようなケースは二度と出てこないということを体験していらっしゃると思います。
「面談は生もの」と、本書の冒頭でお伝えしました。十分な準備をするからこそ、何が起こるかわからない事象に対応できるのです。準備することで、必要な情報を吟味し、当日のイメージを創り、さまざまなシミュレーションをすることで、うまくいくことだけではなく、不測の事態に備えることができ、安定感のある対話の場を創ることが可能になるのです。

「敵を知り、己を知れば、百戦危うからず」部下を知る努力をしましょう!

面談実施前には、部下や社員の「人となり」について、詳細に振り返ることをおすすめします。

また第4章でも書きましたが、詳細な部下の「強み」や「弱み」、その人の大事にしている価値観を予め頭に入れなおして、面談時の準備に役立てて下さい。

部下に関するデータベースから情報を仕入れておきながら、対話のデザインをしておきます。

「面談のスタートはどんな一言からスタートするのか？」

「部下に対して、どのような承認の言葉を準備しておくのか？」

「最近あったよかった出来事は何か？」

どういう対話の方向性になるかついては、「面談は生もの」ですから、その場の流れに任せていくしかありません。

そして、部下のための面談ですから、部下の納得感を上げることを目的として、準備を進めていきましょう。そのための情報収集と整理なのです。

準備をしっかりと行った面談は、実は上司自身のためなのです。準備ができていることからくる、自分に対する安心感と安定感が、余裕を引き出してくれるはずです。

準備が、面談の成功のカギです。

ゴールをどう考えるか

突然ですが、ウサギとカメの話しはご存知ですね。ある山に登る競争をする物語。ウサギさんは結果として負けてしまうという筋書きでした。ウサギさんは、カメさんがあまりにも遅いことを見て、途中油断して居眠りしてしまいました。

ある時、知人からこんな話を聞きました。「この物語で、ウサギがなぜカメに負けたのかわかりますか？　ゴール設定の違いなんだよ」と教えていただきました。

ウサギとカメの話が、ゴール設定とどう関係があるのでしょうか？　知人は続けます。「カメさんのゴールは、山頂に登ることでした。ウサギさんのゴールは何だと思いますか？」

ウサギさんは、カメさんに勝つことだったのです。ウサギさんは、既にスタートの時点から、少し行ったところで、その目標は達成されてしまいました。カメさんがあまりにも遅いわけです。自分はぴょんぴょんはねて、カメさんよりも絶対に早くたどり着けると思ったことでしょう。そこで油断したウサギさん。居眠りぐらいしても大丈夫だと思ったんでしょう。

結果は、居眠りをしすぎたせいで、ウサギさんは大きく遅れをとり、ついにはカメさんが先にゴールしていました。

決してウサギさんの立てたゴールが悪いわけではないのです。相手に勝ちたいと思う気持ちを持つこと自体は、自然のことです。ゲームの本質からすると、今回は山頂に先に到着したほうが勝ちということでした。しかし、どういう理由であれ、ウサギさんはカメさんに負けてしまったのです。

私たちが気をつけなければならないのは、ウサギさんが持ったような【比較対象を超えること＝行動を目的化する目標】の持たせ方です。達成した、手にしたと思った時点で、行動が消えてしまうのです。よい目標とは、先の見通しがあり、未来に向けての継続的な行動が引き出せるような目標の捉え方なのです。達成したら燃え尽きたり、行動が起こらないものでは意味がないのです。ぜひ、目標をどう捉えているのかを再度振り返って下さい。

では、効果的な目標とはどういうものでしょうか？

第4章のコラムの、よりよい目標の5つの視点を、再びご紹介します。

①考える目標⇓「自らが考えて進める」ことができる目標ですか？

②役立つ目標⇓それは「人の役に立つ」ことができる目標ですか？

③将来への目標⇓それは、「将来につながる」目標ですか？

④成長のできる目標⇒それは「成長の手ごたえ」を感じる目標ですか?
⑤競争力のある目標⇒それは「他者と違いのある」目標ですか?

あなたの目標が、この5つの物差しに照らし合わせた時に、どのぐらい合致しているかを確認してみて下さい。誰の役にも立たず、簡単にできてしまう目標であれば、目標として立てた意味がありません。また未来に向けて何かの変化を引き出すようなもので、それが誰にも真似のできないものであれば、それ自体が価値を生み出します。

目標に振り回され、独りよがりであったり、方向性を間違ってしまわないよう、ウサギさんのように、行動が目的化してしまうことは避けたいですね。目標をうまく使いこなすことが大切なことなのではないでしょうか。

セルフマネジメント

セルフマネジメントとは、自己管理のことです。自己管理ができている人ほど毎日健やかにすごされています。

自己管理とはどんなものでしょうか。自分の行動や思考を妨げる部分が少なければ少ないだけ、必要なことに手をつけることができるようになります。なるべく、自分の身の回りのことなどで、気がかりを減らしていく、または対処できていることで、よりやりたいことに向けてエネルギーが発揮できやすくなります。

上司である皆さんが、何か大きな悩みや問題を抱えてしまうと、余裕が失われ、部下や組織に向かっての力が出せなくなる場合もあります。加えて、忙しくなってしまうことで、体調を壊すと、それだけで皆さん自身のバランスが崩れてしまいます。これでは、組織にもあなた自身の人生にも、大きな損失になるのです。

また、セルフマネジメントの重要な要素として、ライフイベントも影響を及ぼします。ライフイベントとは、身近な人の死や離婚、結婚等、生活環境などの避けられない大きな変化のことです。あなた自身の人生の充実、そして周りとの関係性と職場の環境をよりよくするためにも、セルフマネジメントは、とても大事なことだと覚えておいて下さい。

人のプロとなる

それぞれの業務のプロとしての、幅広い知識や知見はもちろんのこと、人を通じて成果を出していくことが求められる我々は、「人のプロ」になることを求められています。「人のプロ」として、人間に関する知識を、ある程度理解しておかなければなりません。

《知っておくべき知識》

①人事考課の落とし穴
②マズローの5段階欲求説
③マクレガーのX理論、Y理論
④ハーツバーグの動機づけ理論
⑤ジョハリの窓

まだまだ知っておいた方がいいものはたくさんありますが、一通りのこととして、右記の5つぐらいは押さえておきたいものです。

①人事考課の落とし穴

人を評価する時に陥りやすい傾向について、おさらいしておきたいと思います。

1. ハロー効果……あばたもえくぼ。全体の印象、または期末のハレーションにより、全てを評価してしまう（いい上司でありたい）。
2. 寛大化傾向……実際よりも甘く評価してしまう（やさしい上司でありたい）。
3. 減点化傾向……実際より厳しく評価してしまう欠点やあらさがし傾向（厳しい上司でなければならない）。
4. 中心化傾向……よくわからないから、ばらつきなく収めたい。悪平等。マネジメントが機能しない。
5. 対比誤差……評価者の知っている分野は厳しいが、知らない場面や分野は甘くなる。
6. 逆算化傾向……最終評価から逆算して、評価や点数を決めてしまう。
7. 評価回避……よくわからないから、さし障りのない評価でお茶を濁す。
8. 努力重視傾向…目標には届いていないが、頑張っていたので、評価を上げる。

主に、この8つを押さえておく必要があります。あくまで、人間は主観の動物。主観から逃れられないと思っていただく必要があると思います。あえてここで挙げさせていただいたのは、「この傾向になってしまうこと」と、自分が8つのうち、どれになりやすいのかを知っておいていただくためです。

②マズローの5段階欲求説

アブラハム・マズローが人間の欲求には5段階あるという仮説をたてました。「人間は、基本的に欲求を満たそうとする生き物で、その欲求とは、「生理的欲求、安全安定の欲求、社会的欲求、自我・自尊の欲求、自己実現の欲求という5つである。人間のすべての行動は、どれかの欲求を満たそうとするものであり、人間の成長とはこれらの欲求を満たそうとするプロセスである」というものです。一番最初の欲求である「生理的欲求」を満たすとその次の、「安全安定の欲求」が出現する。下の欲求の層が満たされると、次の欲求の層に移る、ということです。部下が今どの欲求階層にいるのかに関心を向けておくと、面談の際にも、関わり方のヒントを得ていただけると思います。

③マクレガーのX理論、Y理論

ダグラス・マクレガー氏の「X理論・Y理論」での人間観は、非常に分かりやすく、私たちの目線を的確に指摘していると思います。対話を設計するときには、Y理論の考え方で取り組むほうがうまく進んでいくと言われています。例えば、部下やメンバーの仕事のはかどりが芳しくない時、「仕事をするのが嫌なんだな。新しく加えた仕事は、面倒だし、できればやりたくないと思っているな」と勝手な判断を頭の中で巡らしている時はありませんか？　私自身も、クライアントの発言が、「ちょっと面倒くさいからこれできませんでした」と前回のセッションで決めたことの報告をこのようにされた時には、「X理論的人間観」で見てしまいます。と言う半面、別のシーンでは、「自分らしさを発揮していろんなことにチャレンジしていくのだな」とみている自分もいます。「Y理論的人間観」で対話を組み立てている方が、相手への期待や信頼感も向上しました。

「人は十分な条件さえそろえば、自ら働こうとし、自分らしさを発揮しようとするものである」と言うことが私の目の前で起こったケースでした。その場その場で起こることに一喜一憂している状況ではありますが、私たちが人を見る時に、どのような観点で見るかによっては、これも行動を規定する大きな要素になってきます。自分自身の立ち位置を確認し、どのような視点を持って相手を見ているかのいいチェックになると思います。

面談における人間観は、この「Y理論的人間観」をベースにしています。人は、自分自身を100％信じてくれる相手がいる状況があれば、その人らしさを発揮し、自ら働こうとします。Y理論的人間観を現実にしていく術を学び、それを面談において発揮し、マネジメントやリーダーシップ発揮のツールとして役立てていきましょう。

④ハーツバーグの動機づけ理論

人は何によって「動機づけ」されるのでしょうか？

ハーツバーグ氏は、さまざまな要素を考えたうえで、動機づけ要因と、衛生要因に分けて考える仮説をたてました。不満を解消するものと、満足の状態を作る、この2つにあてはめた時に、衛生要因に働きかけると、不満はなくなります。動機づけ要因に働きかけられると、満足の状態を得ることができます。衛生要因にはどんな要素があるかというと、「会社の政策・管理、監督、監督者との関係、作業条件、給与、同僚との家計、個人生活、部下との関係」等です。これらは、満足を得ることにも貢献はしていないわけではないのですが、あまり満足を引き出すための道具としては、効果が薄いものでした。反対に、動機づけ要因として何があるかというと「達成、承認、仕事そのもの、責任、昇進、成長」です。これらは、仕事をするうえでの「満足な状態」を引き出す要因に入っています。よく「うちの会社は、給料低いからモチベーションあげるのは無理ですよ」と、マネジャーの方から聞きます。実は、衛生要因をいくら上げても、効果は薄いのです。給与は少ないと不満ですが、多ければ喜ばれるかというと全くそうではありません。それよりも、部下にやる気が出るような仕事の配分を考える必要があります。

動機づけ理論を背景として、仕事の報酬はお金ではなく、仕事であり、その達成感をいかに持たせてやるかが、我々の腕の見せ所だと思います。チャレンジする目標や仕事を与えていくかじ取りをするため、理論を学ぶことは、我々の選択肢を広げてくれたり、自分自身のタブーをなくしてくれる有益なものとして、積極的に活用できるものだと思います。

⑤ジョハリの窓

心理学者のジョセフ・ルフト氏とハリー・インガム氏が唱えた心のありようのモデルです。彼らの名前の頭をとって「ジョハリの窓」と呼ばれています。

「自分」と「他者」という軸と、「知っている」と「知られていない」という軸で、人との関わりを考えるきっかけにしています。

自分がどういう振る舞いをしているかについて考えてみましょう。相手にも自分にもわかるところは、安全で、自分とはこういう人だということについて、双方了解を得られている状態です。違う見方をすれば、自分は知らないことで相手が知っていることがある場合です。たとえば、背中にゴミがついている時、他人には背中が見えているわけですが、自分は見えない。ゴミをつけたまま、ずっと外を歩く羽目になる。その時に、一声「ごみ付いてますよ。とりましょうか」と言ってくれると、気がつくことができます。自己が変わっていくためには、こうした情報が必要になってきます。

また違う場面では、自分は知っているが相手は知らないこともあるでしょう。以前自分がプールサイドで滑ってけがをしたとしましょう。滑りそうな床を見ると足がすくんだり、早く歩くことができなかったとしましょう。それを知らない上司は、なんでもたもた歩いているんだと疑問に思って、早くしなさいなどと指示をします。本人は怖いし、しかし、ただそれだけのことで弁解するのもはばかられると思ってしまう。そうすると、上司はよく事情が分からないので、イライラする。自分はどうしていいのかわからなくて、いい関係が保てなくなる時もあります。こういう時に、少し勇気を出して、「昔こういうことがあって…」と自分のことを上司に伝えてみること

図表 17

他人が ＼ 自分が	知っている	知らない
知っている	A 解放された領域 （自由な領域）	B 気づいていない領域 （恥）
知らない	C 隠している領域 （秘密の領域）	D 未知の領域 （可能性）

で、理解が得られる時もあるでしょう。自分のことを差し支えない範囲で話すことができれば、無用な摩擦や感情のずれが解消されることにもなるでしょう。

面談の中でもこの考え方をうまく活用していくと、とてもスムーズなやり取りが可能になるのではないでしょうか。会社からの評価は、自分の未知なる部分を広げてくれる、AをBの領域に広げていくフィードバックという観点を持つことができます。それが、自分が思うゴールや目標を手にすることに関連することであれば、なおさら自分にとって良いことになるでしょう。

決して、言いたくないことを自己開示する必要はありません。自分が相手との関係性において、少しの勇気を出して伝えてみると、相手との距離感をよい方向へ変化させることができるでしょう。また、相手からもらったフィードバックの言葉を、全て自分のためだといって受け入れなければならないというわけでもありません。相手が自分のために言ってくれたことだけれども、自分にとって必要ではない場合もあるでしょう。その時には、相手の言ってくれた気持ちだけ受け取り、内容については、受け取らないでいることでもかまわないのです。相手が自分の変化や成長のために言ってくれたことだと受け取れるのであれば、その気持ちを大切に受け取っておくことが大事なことだと思います。

以上のようなものだけでも、触れておくことで、「人のプロ」として幅ができると思います。

2　常に陽転思考で人と組織の力を引き出そう

ひまわり体質：常に前を向く

私がこれまでの10年間で、直接、間接的に関わらせていただいた組織にいる「すごいなあ！」と思う人たちの共通点は、みなさんひまわりのように、何があっても必ず「前を向く」「建設的な視点」を持っています。

超多忙な日々に起こることを、ひとしきり話をしていく中で、全て最後に出る言葉は「やってみますわ」と言って、また自分の場所へ戻っていかれます。夜はうなだれているひまわりが、日が昇るとともに太陽の方に自然と向かう、そんな姿を想像します。いろんな状況について整理をする時間を少し取れることで、向かう方向が定まってくるのです。

「陽」と「節」を大切にする

ひまわり思考とつながっていますが、多くの会社に伺うと、うまくいっている、いい結果を残している会社さんは、「明るい、陽気、けじめがついている」のです。

必ず、挨拶をして下さり、メールには必ずすぐ返事がきます。声が大きく、肯定的な表現で話されます。コミュニケーションは自分からスタートさせています。

ただ明るいだけの組織ではなく、礼儀も正しく、そして明るい。この2つがそろっているところは、必ず結果が出ています。それは、経営者の姿勢でもありますし、幹部の姿勢でもあります。そして、全て社員の方々に引き継がれていることでもあります。

その基盤があってこそ、組織においては、方向性もわかりやすく、従業員が顔を上げ、見えている方向に向かっていけるのです。「陽」と「節」のバランスが、より良い関係を作ってくれると思います。

行動までの3段階

なぜ、部下は言われたことをやらないのでしょうか。何度も言っているのに、どうして行動しないのでしょうか。

経営者の方々とのコーチングをしていても、マネジメント層への研修やコーチングをしていても、必ずテーマにあがってきます。

繰り返しになりますが、コミュニケーションは、受け取った相手が「伝わった」と感じた結果なのです。

私たちは、部下に伝えたらすぐに実行してくれると思ってしまいます。しかし実はそこに至るには、最低でも3段階あると思って下さい。

言ったこと≠聞こえたこと
聞こえたこと≠理解したこと
理解したこと≠行動すること

私たちはどうしても、言った＝「行動するだろう」と考えてしまい、それを求めてしまいがちです。うまくいけばそうなることもあるでしょう。同じことを同じように伝えたとしても、人によっても、時と場合によっても全く違う結果を生むことになるのを理解しておいて下さい。

このことを理解しておくことで、コミュニケーションにおいて、注意すべきことは、ご理解いただけたのではないかと思います。伝えた！　と独りよがりになることなく、常に「どう伝わった？」ということを問いかけていくことを心がけてほしいと思います。また、その時に、「本当に伝わっているのだろうか？」と、疑いの目で見る「X理論的人間観」

ではなく、「彼はこのことをどんなふうに受け止めてくれているんだろう?」という「Y理論的人間観」を持って、好奇心から「どう伝わった?」と質問してみて下さい。その視点からの質問は、部下を安心させ、彼らの本当に思っていることやアイデアが出やすくなることでしょう。

今回は面談という枠組みを通じて、相手に自分の意図を伝えるための、多くの情報を提供してきました。すぐに全てが完璧になるわけではありません。だからこそ、コミュニケーションをとる必要があることを、深く理解していただけるのではないかと思います。面談と言う小さな枠組みではありますが、相手の可能性を大きく開く場にしていただく一助に、本書をご活用いただければ幸いです。

あとがき

今回は「面談」をテーマに書きましたが、日頃は、面談に関するセミナーや研修の他に、プロのエグゼクティブコーチとして、経営者や企業に向けて、コーチングプログラムを通じて、個人や組織の最大限の力を引き出すお手伝いをしています。そんな日々から得た、私の取るに足らない体験が、読んで下さった方々に、「こんな人でも、やってるんだったら、俺も、私もできるじゃないか！」と、勇気や、人と関わるためのきっかけになれば、こんなうれしいことはありません。

この場を借りて、お世話になった方々への感謝を述べたいと思います。

この本は、２００８年からＳＭＢＣコンサルティング㈱関西セミナー事業部様で、「部下との面談」セミナーを実施させていただいたことからスタートしています。本当にありがとうございました。そして、セミナーを出版へとつないで下さり、冒頭にメッセージも寄せて下さった人事コンサルタントの山本信夫先生。私に、大きなチャンスを与えて下さいました。ありがとうございました。

全ての編集を引き受けて下さった、㈱リンケージの岩村社長。文章力も稚拙で、筆の進まない私を、粘り強く、時には厳しく、見守ってサポートして下さいました。感謝でいっぱいです。

全体のプロデュースをしていただきました㈱ヒューマンプロデュースジャパン茅切社長。そして、これまでお付き合いいただきましたクライアントの皆さま。㈱コーチングラボウエスト会長の本山雅英様はじめ㈱コーチングラボウエストの皆さま。元勤務先の上司のIさん。Iさんとのお仕事の中での面談の体験が、この本の中核です。本当にありがとうございます。

そしていつも悩みを聴いてくれ、優しく見守ってくれた二人の親友。そして友人、家族に心からの感謝を送ります。

本当にありがとうございました。

本書に出てくる事例は、全てお客様の実際の体験がベースです。守秘義務もあり、私自身の事以外は、幾つかの事例を組み合わせて、一つの事例にまとめました。最後に申し添えておきます。

最後まで読んでくださってありがとうございました。心からの感謝と愛をこめて。

２０１２年10月　大阪にて

■著者プロフィール

小林　芳子（こばやし よしこ）

株式会社 Y's ディスカヴァー代表取締役
エグゼクティブコーチ、兼、人材育成コンサルタント。
大学卒業後、ダイセル化学工業株式会社（現株式会社ダイセル）人事部門を経て、2000 年退職。2002 年コーチとして独立。2006 年法人化。
これまで 5500 時間以上のコーチングの経験を持つ。
2002 年、プロフェッショナルコーチの集団をまとめる株式会社コーチングラボウエストの設立に参画。
中小企業経営者、経営幹部へのエグゼクティブコーチングを中心に、コーチングを活用した面談研修やセミナー、幹部育成プロジェクトを多数実施し個人と組織の幸せを引き出すコーチとして日々活動している。
株式会社コーチＡ　クラスコーチ、（財）生涯能力開発財団認定コーチ、日本キャリア開発協会ＣＤＡ、経営士

2012 年 11 月 30 日　初版　第一刷発行

できるリーダーだけが知っている
すぐやる部下が育つ「面談」の技術

著　者　©小　林　芳　子
発行者　　脇　坂　康　弘

発行所　株式会社　同友館

〒 113-0033 東京都文京区本郷 3-38-1
本郷イシワタビル３Ｆ
TEL 03(3813)3966　FAX 03(3818)2774
http://www.doyukan.co.jp/

乱丁・落丁はお取り替えいたします　●印刷　萩原印刷　●製本　松村製本所
ISBN 978-4-496-04933-0　Printed in Japan